그 마음 참

"모든 지킬 만한 것 중에 더욱 네 마음을 지키라

생명의 근원이 이에서 남이니라.

구부러진 말을 네 입에서 버리며 비뚤어진 말을

네 입술에서 멀리 하라."

(잠 4:23, 24)

소명을 따라 사는 삶

비전교회

김 혁 담임 목사

미국 고든 맥도날드 목사의 책 『내면세계의 질서와 영적인 성장』에는 두 종류의 삶이 나옵니다. 그것은 충동에 이끌린 삶과 소명의 삶입니다.

충동에 이끌려 사는 사람은 눈앞에 닥친 문제를 해결하기에 급급합니다. 세상 가치관을 좇으며 그저 '사는 대로 생각하는 삶'입니다. 반면 소명에 따라 사는 사람은 자신이 태어난 목적과 비전을 깨닫고 그 비전을 좇아 삽니다. 이런 사람들은 세월의 흐름 속에 사는 대로 생각하는 것이 아니라, 주님의 계획과

뜻을 따라 소중한 생각대로 하루하루를 삽니다.

초대 교회 성도들은 심한 박해 속에 살았습니다. 살아갈 터전이 없어 지하 무덤인 카타콤에 들어갔습니다. 그러나 그들은 말씀과 기도 생활을 했기에 성령의 능력이 있었습니다. 세상의 힘이 그들을 끌고 가지 못했습니다.

프랑스 소설가 폴 부르제(1852-1935)의 소설 〈정오의 악마〉 중에 이런 구절이 있습니다.

"당신은 당신이 생각하는 대로 살아야 한다. 그렇지 않으면 당신은 머지않아 사는 대로 생각하게 된다."

생각하는 대로 살지 않으면 사는 대로 생각하게 됩니다. 그러므로 우리는 주님의 생각을 따라 살아야 합니다. 그렇지 않으면 세상의 가치관에 이끌려 세상의 영이 이끄는 대로 종의 삶을 살게 됩니다.

마귀는 인간의 눈에 보이지 않는 '생각'을 통해 역사합니다. 예수님의 제자였던 가룟 유다에게도 예수님을 팔려는 생각 하나를 불어 넣음으로써 마귀의 역사는 시작됐습니다(요 13:2).

가장 치열한 전쟁터는 바로 우리의 마음입니다. 하나님이 만든 아름답던 에덴동산이 인간의 죄로 망가졌습니다. 그 근본 원인은 하와의 마음이 문제였습니다. 죄가 온 세상에 가득하게 되기 전에 먼저 한 사람의 마음이 무너진 것입니다.

이스라엘 온 나라의 흥망성쇠 역시 한 나라의 왕의 마음에서 비롯되었습니다. 초대 왕 사울이 평생 시달린 것은 외부의 침입도 경제적 어려움도 다윗 때문도 아니라 다윗을 시기한 자신의 마음 때문이었습니다.

마귀의 공격을 이기려면 어떻게 해야 할까요. 오직 마귀를 이기는 전신갑주인 하나님의 말씀과 기도로 마음을 지킬 수 있습니다.

마음을 지키는 것이 모든 거룩한 삶의 근원입니다.

"모든 지킬 만한 것 중에 더욱 네 마음을 지키라 생명의 근원이 이에서 남이니라"(잠 4:23).

이런 의미에서 『그 마음 참』 이 책의 저자는 우리 모든 인생의 근본인 마음의 문제를 매우 통찰력 있게 다루었습니다.

마음을 지켜야 하는 당위성과 인간의 마음을 네 가지로 나누어 자세히 설명함과 동시에 버려야 할 마음과 지녀야 할 마음을 자세히 설명함으로써 우리의 마음 상태를 들여다 볼 수 있도록 돕고 있습니다.

무엇보다 우리 마음을 무너뜨리는 가장 큰 적인 염려의 문제를 따로 다루어, 어떻게 염려로부터 자유하고 마음을 지킬 수 있을지 상세히 다루고 있습니다.

마음을 잘 지킨 이들에게 주어지는 승리의 열매는 바로 아름다운 말입니다.

죽고 사는 것은 말에 달렸으며, 우리가 마음을 지켜야 하는 이유는 이 말의 열매가 삶 속에 나타나기 때문입니다.

사람들이 흔히 착각하는 것이 있습니다. 어제는 추억과 아름다움이요, 오늘은 고통이라는 착각입니다. 그곳은 낭만이고 이곳은 비참한 현실이라고 생각합니다.

이것이 우리를 불행으로 이끄는 생각입니다. 행복은 지금 우리가 하는 말에 달려 있습니다.

부디 『그 마음 참』 이 책을 통해 마음이 바뀌고 매순간의 말이 달라져 진정한 삶의 행복과 평안을 누리기를 소원하며 축복합니다.

마음의 짐을 안고 살아가는 현대인

세계로금란교회 주성민 담임 목사
국내외 부흥회 전문 강사
CTS기독교TV '주성민 목사의 주담길' 진행자

필자는 죽마고우인 시인작가 최선 박사를 통해 염성철 작가
를 알게 되었다. 그는 일찍이 신학과 상담학을 전공하였으며 출
판계에서 오랫동안 한국 교회를 위해 섬겨왔음을 전해 들었다.

인간은 하나님의 형상으로 창조되었다. 그렇기에 무시로 행
복하였고 영원한 삶이 보장되었다. 슬픔이 무엇인지? 고통과
질병이 무엇인지? 죽음이 무엇인지? 전혀 알 수도 없는 영생

을 누리고 있었다. 하지만 하나님께 불순종함으로 죄가 들어왔고 그 결과 고난, 저주, 질고, 사망이 왔다.

인류는 이러한 고통에서 벗어날 수 없는 어두운 사망 권세에 묶이는 아픔이 지속되었다. 그러나 하나님의 특별한 계시로 구세주 예수 그리스도의 동정녀 탄생으로 성육신 하신 그 크신 은혜와 십자가 보혈의 능력으로 인간은 죄에서 해방 받을 수 있는 길이 열렸다.

이처럼 무거운 마음의 짐을 안고 살아가는 현대인들에게 희망을 주는 양서가 나왔다. 40년 이상 출판계와 시인작가로 한국 교회를 섬겼던 그의 저서 『그 마음 참』은 크리스천뿐만 아니라 일반인 독자들의 마음을 성찰해 볼 수 있을 것이다. 상처받고 아픈 마음을 하나님 진리의 말씀으로 치유를 받을 수 있는 소중한 책이 될 것으로 생각된다.

본 저서로 자신의 마음을 다스리고 타인의 마음을 이해하고 하나님이 원하시는 사람으로 회복되어 건강한 교회, 건강한 사회를 이루는 밑거름이 될 수 있기를 기대한다.

필자는 국내와 세계적으로 살인적인 스케줄 속에 초교파 연합성회를 인도하고 있다. 그리고 CTS기독교TV에서 '주성민 목사의 주의 길', '주담길'을 매주 진행하고 있다. 방송을 하면서 참여하는 이들과 시청자들에게 느끼는 것이 있다. 그것은 사람마다 과거와 현재에 받았던 마음의 상처 때문에 고통 가운데 있는 것을 목격하게 된다.

그러나 예수 믿고 찬양과 기도, 그리고 보혈의 능력으로 치유를 받아 새 삶을 살아가는 성도들을 만날 때마다 하나님께 무한히 감사를 드린다. 마음의 병은 누구도 예외가 될 수 없는 것이다. 그래서 우리는 하나님을 만나야 하고 성령의 충만함으로 승리해야 한다.

바라기는 마음의 질병을 안고 살고 있는 현대인들에게 그의 저서 『그 마음 참』을 통해 주님 안에서 회복되고 건강한 가정, 행복한 교회와 사회를 만드는 일조하기를 바란다. 그리고 독자들이 섬기는 교회마다 성령의 기름 부음심이 가득하여 영적으로 성장하기를 기원한다.

한국 교회는 그 어느 때보다 다양한 위기를 맞이하였다. 회개하고 바른 진단을 하여 하나님의 특별하신 도우심으로 한국 교회가 다시 부흥의 역사가 있기를 바란다. 『그 마음 참』의 저자인 문암 염성철 작가를 비롯하여 문서선교를 중심으로 국내외 성도들을 영적으로 세워가는 고귀한 사역을 축복한다. 예수가 길이다.

차 례

추천사 / 소명을 따라 사는 삶 / 김 혁 목사 · 3

추천사 / 마음의 짐을 안고 살아가는 현대인 / 주성민 목사 · 7

프롤로그_ **마음과 말** · 11

Part 1 행복이 머무는 마음 / 19

사람의 마음 · 21

네 가지 마음 · 27

불행의 근본 원인 · 33

행복의 현주소 · 41

버려야 할 마음 · 49

지녀야 할 마음 · 69

마음의 염려 · 91

Part 2 행복을 나누는 말 / 105

말에 대한 지식 · 107

말의 위력 · 111

혀 다스리기 · 129

마땅하지 않은 말 · 139

아름다운 말 · 149

말의 영향력 · 179

진실과 거짓말 · 183

에필로그_ 새 마음, 새 언어 · 189

서평 / 인간의 존재와 마음과 말의 진실 / 최 선 박사 · 195

마음과 말

만물의 영장(靈長)인 사람은 다른 동물에 비해 특별히 뛰어난 능력을 지니고 있습니다. 그 이유는 무엇일까요. 필자는 이것을 '생각하는 힘'이라고 생각합니다. '생각'하면 떠오른 것은 오귀스트 로댕(Aguste Rodin)의 '생각하는 사람'이 있습니다.

이 작품 속의 남자는 실오라기 하나 걸치지 않은 채 턱을 오른 팔에 괴고 상념에 빠져 있습니다. 무슨 생각을 하는지 모르겠지만, 괜히 서글픈 것 같아 무슨 일이 있는지 물어보기조차 힘듭니다. 인체 비례를 무시하듯 다소 부각된 오른팔의 팔꿈치가 왼쪽 허벅지 위에 놓여 있는데, 살짝 비틀어진 자세로 인해 조각상의 가슴 부위에는 검은 그림자가 드리워졌습니다. 무슨 생각을 하고 있기에 이렇게 가슴이 시커멓게 타고 있는 걸까요.

몸의 모든 근육에, 아니 근육의 모든 세포 하나하나에 힘을 주고 사색하고 있는 것 같습니다. 독일의 시인 라이너 마리아 릴케(Rainer Maria Rilke)는 '생각하는 사람'을 보고 "그는 말없이 생각에 잠긴 채 앉아 있다. 모든 힘을 쏟아 사유하고 있으며 온몸이 머리가 됐고, 혈관에 흐르는 모든 피는 뇌가 되었다"라고 했습니다.

또한 지구상에서 가장 사회적인 생물은 개미라고 합니다. 퓰리처상을 받은 에드워드 윌슨의 『개미 세계여행』이라는 책을 보면, 앞으로의 지구는 사람이 아니라 개미가 지배할 것이라는 다소 엉뚱한 주장을 하기도 합니다.

그 근거는 개미들의 희생정신과 분업능력이 인간보다 더 뛰어나기 때문이라는 것입니다. 실제로 개미는 굶주린 동료를 절대 그냥 놔두는 법이 없다고 합니다. 그럼 그 비결이 무엇일까요. 개미는 두개의 위를 지니고 있기 때문이라는 것입니다. 하나는 자신을 위한 '개인적인 위'를 가지고 있고, 다른 하나는 '사회적인 위'인 것입니다.

굶주린 동료가 배고픔을 호소하면, 두 번째 위에 비축해 두었던 양분을 토해내서 먹인다는 것입니다. 한문으로 개미 '의'(蟻)자는 벌레 '충'(虫)자에 의로울 '의'(義)자를 합한 것입니다. 우리 인간의 위도 개미처럼 두 개라면 얼마나 좋을까요. 그랬다면 인류는 굶주림의 고통을 몰랐을 지도 모르지 않을까요. 먼저는 주변의 이웃을 사랑하는 마음, 그 마음에 아름다운 말을 담아 전해 봅니다.

'인간은 생각하는 갈대'라는 명언처럼 생각하기 때문에 인간이 아닐까요. 그러나 생각하는 것에는 약점이 있습니다.

생각하는 자세는 좋지만 지나치게 많이 하면 결단을 내리지 못하고 망설이다 아무것도 할 수 없는 지경에 이를 수 있습니다. 생각을 많이 하면 행동하기 어렵거나 상실의 병을 얻기도 합니다. 즉 생각하는 것은 양날의 칼인 셈입니다. 합리적으로 판단해 잘못된 선택을 하지 않으려면 생각을 해야 합니다. 그러나 생각이 지나쳐 행동이 늦어지거나 부정적인 생각을 갖게 된다면 죽음으로까지 이룰 수 있음을 지인을 통해 간접 경험을 한 바 있습니다.

세상에는 생각이 많아 행동하지 못하는 사람도 있지만 생각을 하지 않고 재빠르게 행동하는 사람도 있습니다. 그것을 두고 '경솔한 행동'(a rash act)이라고 합니다. 이제 『그 마음 참』의 독자가 되어주신 여러분의 생각은 어떠한지요.

먼저 이 책을 읽는 여러분에게 감사를 드립니다. 필자의 이 작은 책 『그 마음 참』의 독자가 되어 주셨기 때문입니다.

필자는 오랫동안 행복을 추구(追求)하면서 행복이 우리의 '마음과 말'에 달려 있다는 사실을 분명히 깨닫게 되었습니다. 마음은 행복이 머무는 곳이고, 말은 그 행복을 나누는 수단이어야 한다는 것이었습니다.

샘(泉)은 어떤 물(水)이든지 그대로 내보냅니다. 샘과 샘물이 하나이듯이 마음(心)과 말(言)도 하나입니다. 마음이 샘이라면 말은 샘물입니다.

항상 다른 사람을 격려하는 사람은 자신의 마음이 행복하기 때문이고, 부드럽게 말하는 사람은 그 마음에 사랑이 많기 때문이고, 진실 되게 말하는 사람은 마음이 정직하기 때문입니다.

반면에 말이 거친 사람은 마음에 분노를 안고 있기 때문이고, 부정적인 말을 하는 사람은 마음이 어둡기 때문이고, 과장되게 말을 하는 사람은 그 마음에 사람들에게 무시당할 지도 모른다는 두려움이 있기 때문입니다.

자랑을 늘어놓기 좋아하는 사람은 그 마음에 안정감이 없기 때문이고, 음란한 이야기를 늘어놓는 사람은 그 마음이 청결하지 못하기 때문이고, 항상 비판적인 말을 하는 사람은 마음에 비통함이 있기 때문입니다.

성경 잠언을 묵상하면서 깨달아지는 것은 31장 915절인 말씀 속에서 '마음'이라는 단어가 무려 101번이나 나온다는 사실입니다. 그렇다면 우리가 어떤 마음을 가지고 어떤 말을 하느냐에 따라서 우리 인생의 행복과 불행, 성공과 실패가 좌우됩니다. 하나님은 우리가 행복하고 성공하기를 원하십니다.

우리가 하나님이 원하시는 아름다운 삶을 살기 위해서는 두 가지를 다스릴 수 있어야 합니다. 그런데 가장 파악하기 어렵고 조절하기 힘든 것이 '마음과 말'이요, 가장 다스리기 곤란한 것이 '마음과 말'입니다.

흔히 사람들은 말의 실수를 하면 '마음에 없는 말'이라고 변명합니다. 그러나 20세기의 정신사에 가장 큰 영향을 주었던 프로이드(S. Freud)는 실언(失言)에 대해서 "무의식의 욕구를 드러내는 것"이라고 했습니다. 마음에 없는 말은 있을 수 없습니다. 취중 진담(醉中眞談)이라는 말이 있지 않습니까?

'말'의 근원은 '마음'입니다. 마음에 선이 쌓이면 선한 말이 나오고 악이 쌓이면 악한 말이 나옵니다. 물론 때로 위선이란 형태로 가장된 말과 겸손이란 형태로 걸러진 말이 나오기도 하지만 아무튼 마음에 있는 것이 그대로 드러나기 마련입니다.

'마음과 말'은 각각 다루어질 수 있는 주제이기도 하지만 서로 밀접한 관계에 있어서 함께 다루는 것이 더 효과적이라는 생각을 했습니다. 우리가 하루에 뱉어내는 무수히 많은 말들로 인해 누군가는 삶에 희망을 얻고, 누군가는 상처를 받을 수 있다는 것을 생각합니다. 그래서 이번에 많은 예화를 통해 주제

별 시리즈로 '마음과 말'에 대한 이 두 가지의 주제를 한 권에 담았습니다.

이 책을 집필하면서 더욱 간절히 바라는 것이 한 가지가 있습니다. 필자는 어느덧 고희(古稀)를 넘기고 살아가고 있습니다. 언젠가 필자가 섬기는 교회 담임 목사님께서 설교 시간에 이런 말씀을 하셨습니다. "노인이 되지 말고 어른이 되자." 그렇습니다. 이 말에는 여러 형태의 의미를 지니고 있지만 아름다운 마음에서 흘러나오는 진실 된 말과 행동으로 노인이 아닌 어른의 삶을 살고자하는 바램입니다.

특별히 목양에 바쁘신 일정 중에서도 필자를 위해 추천사를 써주신 존경하는 김 혁 담임 목사님과 언제나 행복 바이러스를 전파하시는 사모님께도 감사를 드립니다.

또한 분주한 사역 가운데 필자를 위해 추천사를 써주신 평소 존경하는 주성민 목사님께 진심으로 감사를 드립니다. 바라기는 CTS기독교TV '주성민 목사의 주담길'을 통해 많은 영혼들을 주께로 인도하는 복된 사역이 되기를 기도합니다.

서평으로 필자와의 깊은 인연을 필력 해 주신 최 선 박사님께 존경하는 마음을 담습니다. 목사님의 모든 사역 가운데 하나님이 함께 하시기를 기도합니다.

끝으로 언제나 항상 곁에서 어렵고 힘든 상황에서도 필자를

격려하고 위로하며 동역하는 사랑하는 아내에게 고마운 마음을
이 책에 담아 전하며, 성령으로 새 마음을 얻고 날마다 행복이
넘치는 마음으로 '하나님을 기쁘시게' 하며, '이웃을 행복하게'
하는 말들을 통해 '마음의 행복'을 열어 가기를 소원하며 이 모
든 영광을 심판 주로 오실 우리 구주 예수 그리스도께 올려 드
립니다.

文岩 염 성 철

Part 1

행복이 머무는 마음

아무리 친한 친구관계, 부부관계라도 어느 정도의
비밀은 가지고 있습니다.
친밀한 인간관계를 위해서는 가능한 비밀이 없어야 하며
서로가 마음을 열어야 합니다.
사람은 서로의 마음을 열고 이야기하는 만큼 가까워지고
마음을 닫고 이야기하지 않는 만큼 멀어집니다.

사람의 마음

마음은 마치 우리 삶의 사령부와 같습니다.

마음(mind)은 심장이나 위장처럼 몸의 기관이 아닙니다. 눈에 보이지 않습니다. 마음이 있는 것은 분명하지만 어디에 존재하는지 알 수 없습니다. 보이지도 않고 확인할 수도 없는 것이 마음입니다.

사람들은 상대방을 좋아할 때는 '마음이 끌린다', '마음에 품는다' 믿고 신뢰할 때 '마음을 준다'라고 말합니다. 태도가 바뀔 때 '마음이 변했다'라고 말합니다. 참으로 힘든 상황에 처하게 되면 '마음이 아프다, 마음이 괴롭다, 마음이 무너진다'라고 말하기도 합니다.

또한 걱정이 생기면 '마음에 걸린다'라고 말하고 오래 기억해야 할 것들에 대해서는 '마음에 그린다', '마음에 담는다', '마음에 새긴다'라고 말합니다. 안전함을 느낄 때는 '마음이 든든하다', '마음이 놓인다'라고 말합니다. 그리고 위기를 극복하기 위한 방법으로 '마음을 비운다, 마음을 가라앉힌다, 마음을 고친다, 마음을 굳게 먹는다'라고 말합니다.

사람들은 마음으로 삶을 살고 있으며 마음에 의해 좌우되기도 합니다. 마음은 '복', '듣고', '걷고', '서고', '거만'해지고, '이해'하고, '사랑'하고, '미워'하고, '질투'하고, '생각'하고, '반성'하는 것 등 모든 것을 결정합니다.

이처럼 마음은 사람의 가장 깊은 곳에서 사람의 모든 것 곧 생각과 말과 행동을 지배합니다. 마음은 마치 우리 삶의 사령부와 같습니다. 마음은 우리 인생에 지대한 영향을 미칩니다.

그래서 가장 강인한 사람은 자신의 마음을 잘 조절할 수 있는 사람이기도 합니다.

절망적인 상황에서 누구나 한 번쯤은 죽음을 생각합니다. 사람들은 절망의 최종 탈출구로 스스로 생명의 짐을 벗고 싶어질 것입니다. 하지만 자살을 절망의 최종 탈출구로 생각하는 것은 착각입니다.

실제로 마음먹기에 따라 죽느냐 사느냐가 결정되는 경우가 많습니다. 이는 단순한 정신론이 아니라 사실임이 연구를 통해 밝혀졌습니다. '병은 마음에서 온다는 과학적 근거'가 있습니다. 중국 북경대학 일루 왕(Wang. Y.) 연구진은 다른 사람을 위해 이타적인 행동을 할 때는 뇌의 복내측 전두전야가 활성화돼 불쾌한 통증을 느끼지 않게 된다고 보고했습니다.

이를 확인하기 위해 몇 가지 실험을 했는데 이타적인 행동을 하는 모든 사람은 통증을 느끼지 않는다는 결론에 다다랐습니다. 자세히 말하면 어깨 걸림이나 요통 같은 정도의 통증뿐 아니라 상처나 질병 등으로 인한 통증에도 효과가 있고, 암 환자 역시 만성 통증을 느끼지 않게 되었다고 합니다.

이 같은 '이타적 행동'이란 자신을 돌보지 않고 남을 위해 헌신하는 상태를 말합니다. 뇌의 메카니즘에서 보면 누군가를 위해 필사적인 순간에는 의식이 불안한 감정이나 통증으로 가지 않는다고 합니다. '병은 마음에서 온다'는 옛 말처럼 정신이 한 방향으로 향해 있으면 컨디션이나 몸의 감각이 크게 달라지는 것으로 보입니다.

여기 두 사람의 이야기는 마음먹기의 중요성을 일깨워 줄 것입니다.

첫 번째는 '힐튼'(Hilton)이라는 세계적인 호텔 체인의 창업자로서 호텔 왕으로 불리는 콘래드 힐튼(Conrad Nicholson Hilton)의 이야기입니다.

어느 날 텍사스의 시스코 호텔 방에서 한 젊은이가 절망스러운 신음을 내뱉고 있었습니다. 탁자에는 하얀 색 알약 수십 개가 널려 있었습니다. 한참 몸부림을 치던 젊은이가 갑자기 무릎을 꿇더니 기도를 드렸습니다.

"하나님, 어릴 적에 어머니께서 '세상 사람은 모두 널 잊어 버려도 하나님은 널 잊지 않으신다. 그분은 너에게 참 피난처 요, 요새가 되신다'라고 가르쳐 주셨습니다. 제가 그동안 피난 처가 되신 하나님을 잊고 살았습니다."

그는 기도를 마친 후 무엇인가 결심한 듯 두 주먹을 꽉 쥔 채 방문을 열고 나갔습니다. 그리고 사람들 앞에 섰습니다.

"투자자 여러분, 여러분이 투자하신 그 귀한 돈을 다 날리고 부도 위기에 처하게 되었습니다. 여러분을 뵐 면목이 없어 자 살하려고 수면제를 사서 호텔에 투숙했다가 어릴 적 어머니가 해주신 말씀 곧 '하나님이 저의 피난처이시라'는 말씀이 생각 나서 밤새 회개와 헌신의 기도를 드리고 이 자리에 용기를 얻 어 나타났습니다. 한번만 용서해 주시고 상환을 유예해 주시 면 원금과 이자를 모두 갚겠습니다."

그 후 투자자들 중에 윌리엄 L. 무디 2세를 비롯한 투자자들 의 도움으로 그는 다시 사업을 시작할 수 있었고, 대성공을 거 두었습니다.

두 번째는 '홀리데이인'(Holy day Inn) 호텔의 창업자인 케

몬스 윌슨(Kemmons Wilson)의 이야기입니다.

미국 제재소 직원이었던 그는 아침에 출근해보니 자기의 책상 위에 해고 통지서가 있었습니다. 아무런 설명도 없이 황당하게 해고된 그는 굉장히 화가 났고, 직장과 자기 상관에 대한 복수심이 끓어올랐습니다. 그는 제재소 옆에 똑같은 제재소를 만들어 볼까 생각해 보았지만 자본이 없었습니다.

그는 자포자기한 나머지 집을 떠났습니다. 여러 달 동안 방황하면서 모든 것을 잊으려 했지만 잊을 수가 없었습니다. 그는 가진 돈을 모두 다 써버리고 다시 집에 돌아와 아내에게 이렇게 말했습니다.

"여보! 나는 자살하고 싶어. 모든 노력을 다해 보았지만 아무것도 되는 일이 없어!"

이때 아내는 남편을 향해서 이렇게 말했습니다.

"여보! 당신이 한 가지 시도해 보지 않은 일이 있어요. 당신은 당신이 처한 이 상황과 문제에 대해서 진지하게 기도해 보신 적이 없잖아요."

아내의 말 한마디는 그에게 큰 감동으로 다가왔습니다. '맞아, 나는 기도해 본 적이 없지.'

그 후 그는 아내와 더불어 기도하기 시작했습니다. 며칠 기도하는 동안 신기하게도 자기 마음에 있었던 직장과 상사에 대한 미움과 복수심이 모두 사라졌습니다. 그리고 그의 머리에서 새로운 아이디어가 솟아나기 시작했습니다.

그는 자기 집을 담보로 융자를 얻어서 조그마한 건축업을 시작했는데 건축업이 너무 잘되어 5년 만에 스스로 자립할 수 있는 조그마한 사업가로서 자기 기업을 갖게 되었습니다.

그러던 어느 날 기도하는 중에 하나님께서 그의 마음에 새로운 소원을 주셨습니다.

"하나님! 제가 건축을 하면서 여러 곳을 여행하다 보니까 맘에 드는 호텔이 없습니다. 좋은 호텔은 있지만 너무 비싸고 작은 호텔은 너무 분위기가 좋지 않더군요. 제가 호텔을 지어보고 싶습니다. 저는 사람들에게 좋은 서비스를 하고 아주 깨끗하며 적절한 가격에 쉼을 제공할 수 있는 그런 호텔을 짓고 싶습니다."

하나님께서는 그의 기도를 응답하셨습니다. 그는 하나 둘 호텔을 짓기 시작하였고 그것이 세계적인 체인이 되어 '홀리데이 인'이라는 호텔이 되었습니다.

네 가지 마음

마음처럼 파악하기 어려운 것도 없습니다.

우리 속담에 "열 길 물속은 알아도 한 길 사람 속은 알 수 없다"라는 말이 있습니다. "너 자신을 알라"는 말은 곧 "너의 마음을 알라"는 말과도 같은 것입니다.

사람들은 마음이 요동할 때면 '내 마음을 나도 몰라'라고 하며 말합니다. 내 마음도 모른다면 남의 마음을 아는 일은 오죽하겠습니까?

마음처럼 파악하기 어려운 것도 없습니다. '나를 정말 좋아하는 걸까?' 청춘 남녀들은 서로의 마음을 알기 위해 독심술을 공부하기도 하고, 왠지 모르게 서로에게 강하게 이끌릴 때는 다스릴 수 없는 마음 때문에 '내가 왜 이러지'라며 당황해 하기도 합니다.

그렇기 때문에 마음에 대한 연구가 계속되고 있습니다. 그 중에 한 가지 소개하고자 하는데 그것은 인간관계 훈련에서 널리 사용되고 있는 '요하리 창문'입니다.

죠 루프트와 해리 인그햄 요하리라는 학자들이 인간의 마음을 네 개의 창문으로 설명했습니다. 이 '요하리 창문'(Johari window)은 두 사람의 이름에서 유래된 것입니다. 이들의 설명은 어느 정도 마음을 이해하는 데 도움이 될 것입니다.

그것은 열린(open) 마음의 창문, 감추어진(hidden) 마음의 창문, 눈먼(blind) 마음의 창문, 어두운(dark) 마음의 창문입니다. 사람들이 어느 창문을 열고 닫느냐에 따라 성격과 태도가 결정됩니다.

첫째, '열린 마음의 창문'은 나도 알고 남도 알고 있는 부분을 말합니다. 누구나 쉽게 알 수 있는 열려진 부분을 말합니다. 자기 자신을 가리지 않고 그대로 노출하는 이 부분은 항상 우리 자신이 변화되어야겠다고 스스로 생각하고 있는 부분입니다. 노출한 만큼 변화가 이루어지는 부분입니다.

이 창문이 큰 사람을 가리켜 사람들은 이런 사람을 개방적인 사람 또는 화통한 사람이라고 합니다. 이렇게 자신을 개방할 수 있는 것은 그 사람의 자아가 건강하기 때문입니다.

우리가 사람들에게 "저 사람은 솔직 담백하다"라는 말을 들으려면 열린 마음의 창이 전체의 3분의 2 내지 4분의 3을 차지해야 합니다.

아무리 친한 친구관계, 부부관계라도 어느 정도의 비밀은 가지고 있습니다. 친밀한 인간관계를 위해서는 가능한 비밀이 없어야 하며 서로가 마음을 열어야 합니다. 사람은 서로의 마음을 열고 이야기하는 만큼 가까워지고 마음을 닫고 이야기하지 않는 만큼 멀어집니다.

이것은 하나님과의 관계에 있어서도 마찬가지입니다. 우리가 마음의 문을 열고 하나님 앞에 모든 것을 드러낼 때 영적인 친밀감을 경험할 수 있고 하나님의 자비와 긍휼을 입고 치유를 경험할 수 있습니다.

그러므로 하나님 앞에 나아갈 때는 우리의 못난 모습, 버림받은 모습, 추한 모습, 죄지은 모습 그대로, 마치 벌거벗은 것과 같은 모습으로 나아갈 수 있어야 합니다.

둘째, '감추어진 마음의 창문'은 자기는 알고 남은 모르는 부분을 말합니다. 이 부분이 많은 사람은 무엇인가 자기의 세계, 문제, 감정, 정서를 다른 사람에게 나타내지 않으려고 노력합니다. 우리는 이 부분에 대해서 은밀히 하나님 앞에서 기도하며 고치려고 노력할 것입니다.

이런 사람은 냉수를 마시고 이를 쑤시는 사람입니다. 자기

합리화와 거짓말을 잘 합니다. 누가 제대로 이야기를 해도 아니라고 말 합니다. 속으로는 화가 났으면서도 "나는 화 안 났어"라고 말하며 거짓 태도를 취합니다.

가면을 유지하기 위해 많은 에너지를 소모하게 됩니다. 인생이 피곤합니다. 그러나 건강한 마음을 가진 사람은 '있는 그대로'의 자기로서 성숙하는 것입니다.

그러면 서로를 감추는 이유는 무엇입니까? 자신이 없기 때문입니다. '만약 거절을 당하면 어떻게 하나? 무시당하거나 이상하게 취급당하면 어떻게 하나' 두려워하기 때문입니다. 이런 사람들은 인간관계가 잘되지 않습니다. 심하면 불안 신경증에 걸리게 됩니다.

부부간에도 서로 이야기하지 못하는 사람들이 있습니다. 일상적인 일도 제대로 말 못하고, 문제가 있어도 서로에게 말 못하고 숨기며 사는 사람, 사랑하면서도 사랑한다는 소리 못하고, 밥 못 먹고 죽어 가는 상사병 환자들은 감추어진 창이 지나치게 넓은 사람들입니다.

그러나 인간은 감정적인 동물이기 때문에 절대로 감정은 속일 수가 없습니다. 말로는 아니라고 해도 감정을 그대로 나타납니다. 눈은 마음의 창입니다. 눈동자를 보면 감정을 읽을 수 있습니다.

그 외에도 표정, 숨소리, 손과 발 등 비언어적 표현에 민감하면 상대방의 감추어진 마음을 알 수 있습니다. 소위 사람들이 상대방의 속셈을 읽는다는 것이 바로 감추어진 마음의 창을 들여다보려고 노력하는 것입니다.

셋째, '눈먼 마음의 창문'은 자기는 모르고 남은 아는 부분입니다. 사람들은 어느 정도 아는데 자신은 모르는 부분이 있습니다. 이런 부분은 곁에 배우자나 절친한 친구가 있을 때 지적을 받을 수 있고, 또 겸손하게 받아들이고 그것을 고치고려고 한다면 얼마든지 고칠 수 있습니다.

그러나 눈먼 마음의 창문이 지나치게 크다보면 지적도 별 소용이 없습니다. 한번 말하면 한도 끝도 없이 이야기하는 주책바가지, 다른 사람들이 손가락질하며 푼수라고 해도 자신을 모르는 사람이 바로 그런 사람입니다.

타인의 입장에서 자신을 바라볼 수 있는 사람은 다른 사람들이 자신을 어떻게 볼 줄을 금방 알기 때문에 푼수를 떨지 않습니다. 자신을 객관적으로 볼 수 있는 사람은 눈먼 마음의 창이 작고, 그렇지 못한 사람은 눈먼 마음의 창이 큰 것입니다.

우리가 우리 자신의 모습을 올바로 알아내 하는 이유는 바로 눈먼 마음의 창문을 줄이기 위해서입니다.

넷째, '어두운 마음의 창문'은 나도 모르고 남도 모르는 부분을 말합니다. 이 부분은 무의식의 세계를 말하며 가장 큰 부위를 차지하고 있습니다. 일반 심리학자들은 이 부분이 마음 안에서 70퍼센트 이상을 차지한다고 말하고 있습니다.

이 어두운 마음의 창문, 불 꺼진 창이 큰 사람은 세상과 적응이 되지 않습니다. 현실적으로 인간관계가 잘되지 않으므로 마약, 히로뽕, 본드, 알코올로 취생몽사(醉生夢死)하고, 심하면 현실 세계와 떨어져 사는 정신병자가 되고 마는 것입니다.

내적 치유 프로그램으로 널리 시행되고 있는 마음 치유는 바로 이 부분을 다루는 것입니다. 인간의 무의식 속에는 성격을 만들어 내는 뿌리가 들어 있습니다.

그러므로 잘못된 성격과 마음의 온전한 치료를 위해서는 내면 깊숙이 자리 잡고 있는 상처들이 무엇인지 파악되어야 하고, 또한 치료되어야만 합니다.

신앙생활의 목표 중의 하나는 성숙입니다. 우리가 성숙해진다는 것을 심리학적으로 표현하면 어두운 마음의 창문을 줄여가는 것이라고 할 수 있습니다.

불행의 근본 원인

네 마음을 지키라 생명의 근원이 이에서 남이니라.

최초의 인간은 하나님과 완벽한 영적 교제를 나누며, 인간 관계에 있어서도 친밀감을 맛보는 만족한 삶을 살았습니다. 그러나 죄가 들어온 이후 인간은 모두 유전적으로 병든 마음을 가지고 태어납니다.

이에 대해 성경은 "만물보다 거짓되고 심히 부패한 것은 마음이라"(렘 17:9)고 말씀하고 있습니다. 인간의 마음이 심히 부패했다는 것입니다. 다시 말해서 인간의 마음이 죄로 인해 시궁창처럼 되어 있다는 것입니다.

시궁창을 막대기를 넣고 저어 보십시오. 아마 온갖 것들이 떠오를 것입니다. 사람들은 시궁창과 같은 인간의 마음을 분석해서 심리를 이해하려고 많은 노력을 기울이고 있습니다.

그러나 인간의 마음은 아무리 연구해도 알 수 없습니다. 왜냐하면 이미 죄로 타락해서 정상이 아니기 때문입니다. 사람의 마음이 복잡한 이유는 죄로 인해 심히 부패하기 때문입니다.

그렇기 때문에 성경은 마음을 다스리는 일에 대해서 강조하고 있습니다. 특별히 인간의 처세에 대한 가르침을 주고 있는 잠언을 보면 직접적인 교훈들이 많음을 볼 수 있습니다.

잠언 16장 32절을 보면, "노하기를 더디하는 자는 용사보다 낫고 자기의 마음을 다스리는 자는 성을 빼앗는 자보다 나으니라"고 말씀하고 있습니다.

또한 잠언 25장 28절을 보면, "자기의 마음을 제어하지 아니하는 자는 성읍이 무너지고 성벽이 없는 것과 같으니라"고 말씀하고 있습니다.

그리고 잠언 4장 23절을 보면, "모든 지킬 만한 것 중에 더욱 네 마음을 지키라 생명의 근원이 이에서 남이니라"고 말씀하고 있습니다.

우리는 마음과 면역 기능은 전혀 아무 상관도 없는 별개의 존재라고 생각해 왔지만 하루야마 시오게(春山茂雄)의 『뇌내혁명』을 보면, "실제로 인간의 육체와 마음은 하나의 개체라고 표현해도 좋을 정도로 밀접하게 관련되어 있다"라고 합니다.

또한 "β엔돌핀은 기억력을 향상 시키거나 인간관계를 원만하게 유지하는 것과 관련되어 있으며, '병은 마음에서 생겨난다'라는 옛 사람들의 정의가 의학적으로도 타당하다는 사실이다"라고 했습니다.

마음을 다스리지 못해 큰 사건을 일으키거나 죽음에 이른 사람들의 예를 살펴보면 불행의 근본 원인이 무엇인가를 분명히 알 수 있습니다.

알렉산더(Alexander) 대왕에게는 아주 어렸을 때부터 함께 자란 클레토스라는 절친한 친구가 있었습니다. 그 친구는 어른이 되어서도 친구인 알렉산더 대왕의 휘하에서 장군으로 봉사했습니다. 한번은 이 친구가 술에 잔뜩 취해 알렉산더의 많은 군졸들 앞에서 대왕을 모욕하는 실수를 저지르게 되었습니다.

화가 난 알렉산더 대왕은 순간적으로 옆에 있던 군졸의 창을 빼앗아 클레토스에게 던졌습니다. 죽이려는 의도로 그런 행동을 한 것은 아니었지만 불행하게도 창이 그 친구의 가슴에 정확히 꽂혀 결국 죽고 말았습니다.

알렉산더는 자신의 순간적인 행동을 후회했습니다. 자신의 손으로 친구를 죽였다는 생각에 몹시 괴로워하며 자살까지 하려고 했다가 사람들의 만류로 포기하게 되었습니다.

알렉산더는 전 세계는 정복했지만 자기의 마음을 다스리는 일에는 실패했습니다.

인간의 행복과 불행은 마음에 달려 있습니다. 마음을 잘 지키면 행복하고, 마음을 잘 지키지 못하면 우리 삶은 병들고 불행하게 되어 있습니다.

1981년 7월 29일 런던 폴 성당에서 7억 명의 사람들이 지켜보는 가운데 거행한 결혼식이었지만 찰스가 다이애나의 그늘에 가리면서 불화가 시작되었고, 남편 찰스의 혼외정사를 알게 된 다이애너 왕세자비는 자신의 승마교사였던 제임스 휘트와 통정 사실을 고백했습니다. 그것도 고백성사의 자리나 사적인 자리에서가 아니라 영국인 1,500만 명이 시청하고 전 세계 111개국 2억여 명이 시청하는 BBC TV를 통해 만천하에 공개했습니다.

그 후 우울증에 시달리고 대식증에 걸리기도 했던 다이애너비는 끝내 자신도 마음을 다스리지 못하고 '이에는 이'로 맞섬으로 각기 제 길로 가고 말았습니다.

우리의 마음은 성(城)과 같습니다. 성이 무너지면 적의 침입을 막을 수 없는 것처럼 우리의 마음이 무너지면 그 사람의 삶도 무너지는 것입니다.

2007년 4월 16일 버지니아 공대 총기난사 사건도 결국은 마음의 문제였습니다. 당시 언론보도에 의하면 조승희 학생은 중·고등학교 때 친구가 없었다고 합니다. 그는 외톨이였습니다. 그는 수줍은 성격과 이상한 말투 때문에 동료 학생들로부터 소위 왕따를 당했습니다.

누군가 자신을 외면하고, 자신의 말을 무시하고, 조롱하면 열을 받게 되는 것입니다. 그의 마음속에는 분노가 쌓여갔습니다. 그러다가 사건을 저질렀던 것입니다.

무엇이 문제였습니까? 그를 외톨이로 만든 주변의 친구들, 그리고 사회의 책임까지 생각할 수도 있지만 근본적으로 그가 마음을 다스리지 못한 것이 문제였습니다. 그러므로 성경은 마음을 다스리라고 말씀하고 있습니다.

누구에게나 감정은 있습니다. 얼마든지 분노할 수 있습니다. 보복하고 싶은 마음도 가질 수 있습니다. 죽고 싶은 마음도, 죽이고 싶은 마음도 있을 수 있습니다.

만약 사람들이 마음을 다스리지 못하고 감정대로 살아간다면 이 세상에 남아 있을 사람이 없을 것입니다. 불행을 피하려면 자신의 마음을 잘 지키고, 다스리고, 관리할 수 있어야 합니다.

다시 잠언을 반복해서 말하자면 "모든 지킬 만한 것 중에 더욱 네 마음을 지키라 생명의 근원이 이에서 남이니라"(잠 4:23)

고 강조하고 있습니다. 그만큼 마음을 다스리고 지키기가 쉽지가 않다는 것을 강조하는 말씀이기도 합니다.

이 같이 불안한 감정을 글로 쓰면 감정이 안정된다는 연구 결과가 있습니다.

미국 시카고대의 제라르드 라미레즈(Ramirez. G.)와 시안 베일록(Beilock. S. L.)은 2011년 〈사리언스〉(science)지에 다음과 같은 연구 결과를 발표했습니다. 대학생들을 대상으로 시험을 보는 실험이었는데 '예비 시험'을 먼저 본 다음 '본 시험'을 보는 순으로 진행되었습니다. 본 시험을 볼 때는 학생들이 불안이나 중압감을 느끼도록 다음과 같은 장치를 마련했습니다.

시험 내용은 예비 시험보다 난이도가 높으며 점수에 따라 돈을 받을 수 있고, 시험 보는 모습을 비디오로 촬영한 뒤 나중에 교원과 학생이 함께 촬영 영상을 본다는 조건을 붙였습니다. 이런 상황에서 시험을 보는 참가자들을 세 그룹으로 나누고 시험 시작 전 10분 동안 각각 다른 행동을 하게 했습니다.

아무것도 하지 않고 조용히 앉아 시간을 보내는 A그룹
시험을 앞두고 느끼는 자신의 감정과 생각을 글로 쓰는 B그룹
지금 기분과 전혀 상관없는 것을 글로 쓰는 C그룹

시험이 끝난 뒤 각 그룹의 정답률을 예비 시험 결과와 비교해 보았습니다. 우선 아무것도 하지 않고 앉아 시간을 보내는 A그룹과 지금 기분과 전혀 상관없는 것을 글로 쓰는 C그룹의 정답률은 예비 시험과 비교했을 때 7%가 떨어졌습니다. 반면 시험을 앞두고 느끼는 자신의 감정과 생각을 그로 쓴 B그룹의 정답률은 4% 높아졌습니다. 중·고등학교 내신 시험, 대학 입시, 자격시험 등은 근소한 점수 차이로 합격과 불합격이 나뉘기 때문에 이 정답률의 차이는 상당히 큰 차이는 상당히 큰 결과라고 할 수 있습니다.

감정이나 생각을 글로 쓰는 게 좋은 결과로 이어지는 걸까요. 계속 말하자면 부정적인 감정은 뇌의 '대뇌변연계'라는 부분에서 생겨난다고 합니다. 이 부정적인 감정을 억제하는 것은 '생각하는 뇌'인 '대뇌신피질'이라고 합니다. 즉 감정을 조절하기 위해서는 이 대뇌신피질을 어떻게 활성화시키느냐가 관건인 셈입니다.

이런 측면에서 보면 불안한 감정이나 생각을 글로 쓰는 것은 '사고를 통해 분석하는 작업'이라고 할 수 있습니다. 즉 불안을 글로 쓴 B그룹은 사고를 통해 불안한 감정을 분석하는 동안 전두엽이 활성화 되어 냉정함을 찾을 수 있었던 것입니다.

이와 비슷한 연구가 또 있는 데, 미국 텍사스 주에 있는 서던

메소디스트대의 제임스 페니베이커(Jemes W. P.) 연구진은 부정적인 감정을 글쓰기를 일기 쓰듯 습관화하면 언어화의 정도가 높아져 감정 조절을 효과적으로 할 수 있을 것이라는 것입니다. 잠들기 전에 글을 쓰면 숙면을 취하지 못 할 수도 있다고 하는데, 이럴 때는 낮 시간이나 샤워를 하고 쓰는 것을 추천한다고 합니다.

이와 같이 우리 크리스천들은 매일 매일의 삶을 묵상하며 묵상한 내용을 기록하고 기도하는 습관이 얼마나 중요한지를 새삼 느끼게 하기도 합니다(살전 5:17, 18 참조).

필자의 아내는 매일같이 일상의 소소한 것까지 기록합니다. 어떻게 보면 그날이 그날인 것 같은 삶인데, 어쩌다 하루를 잊고 기록하지 못하면 '여보, 우리 어제 뭐했지'라고 물으면서까지 기록하고 있습니다.

행복의 현주소

모든 인간의 영혼은 필연적으로 행복을 갈망 합니다.

모든 사람은 행복을 추구합니다. 파스칼은 『팡세』에서 "모든 인간은 행복을 추구한다. 예외가 없다. 방법은 다를지라도 인간은 누구나 그 목적을 지향 한다"라고 했습니다.

행복하기 위해 열심히 공부하는 것이고, 행복하기 위해서 결혼하는 것이고, 행복하기 위해서 동분서주하며 돈을 버는 것입니다.

청교도 신학자였던 조나단 에드워즈(Jonathan Edwards)도 행복의 중요성을 잘 알고 있었습니다. 그는 말하기를, "모든 인간의 영혼은 필연적으로 행복을 갈망한다. 그것은 선인과 악인을 막론하고 인간 본성의 보편적 욕구이다"라고 했습니다.

미국의 언론 재벌이며 고대 미술품 수집광인 윌리엄 허스트 (William R. Hearst - 당시에 미국 전역에 26개의 신문을 소유 했으며, 미국 사람 네 명 중 한 명이 허스트의 신문을 구독했 다고 함)라는 미국 사람이 있었습니다. 그는 신문 편집인이면 서 고대 미술품 수집광이었습니다. 그는 고대 미술품이라면 뭐든지 좋아해서 어떻게 해서든 그것을 자기 것으로 소유해야 만 직성이 풀리는 사람이었습니다.

그런 그가 유럽의 왕가에서만 사용되었다는 귀중한 도자기 에 대한 소문을 듣게 되었습니다. 그는 즉시 유럽으로 날아갔 습니다. 그 소문으로 들은 도자기를 찾으려고 유럽의 이곳저 곳을 돌아다녔습니다.

그러던 중 그는 한 도자기 상인에게 새로운 정보를 들었습 니다. 몇 해 전에 미국의 어떤 언론인이 그 물품을 사갔다는 것입니다. 미국으로 돌아온 그는 그 도자기를 사간 사람이 누 구인지 수소문했습니다. 그런데 알고 보니 그 사람은 다름 아 닌 바로 자신이었습니다.

행복을 찾아 이 산 저 산을 넘어 헤매다가 돌아와 보니 행복 은 바로 옆에 있더라는 이야기가 있습니다. 그 이야기처럼 자 신이 찾던 도자기를 이미 오래 전에 소유했음에도 불구하고 그것을 모르고 찾아다녔으니 얼마나 우스운 일입니까?

홍윤숙 님의 「백조의 노래」라는 시(詩)가 있습니다. 그 시의 내용 중에서 '파랑새'의 이야기는 "파랑새를 찾아 떠난 치르치르와 미치르"의 이야기입니다.

모리스 모털링크의 파랑새의 이야기를 아시는지요.
그것을 찾으면 모든 것을 볼 수 있고
모든 것을 알 수 있는 행복의 새,
그 파랑새를 찾으러 떠난
치르치르와 미치르의 이야기를 아시는지요.
나도 느지막이 스무 살이 넘어서야 파랑새가 아닌
백조 한 마리를 어느 봄 날 들에서
안고 돌아왔습니다.
그로부터 오늘날까지
그 새 한 마리를 키우기 위해 청춘과
중년을 죄다 바치고
은발이 희끗한 나이가 되었어요.
백조는 때로 깜짝 놀라게
아름다운 노래로 나를 미치게도 했지만,
대개는 죽지 한 번 제대로 펴는 일도 없이
죽은 듯 둥우리에 누워 살지요.
그리고 이슬과 달빛과 꽃망울 같은

이 세상 먹이 아닌 먹이만을 찾습니다.
나는 그 새 사육하기 너무 힘들어
몇 번인가 짐스러워 그것을 내다 버리자,
버리고 자유로운 날개가 되자 결심했지만
그때마다 내 결심 봄눈에 봄볕에 눈 녹듯이 무너지는 것은
단지 울지 않는 백조의 노래를 기다림이 아닙니다.
어느새 백조의 날개 백조의 뼈가
내 살 구석구석 옹이처럼 박혀 단단한 집이 되고 뿌리가 되어
이 세상 끝 날까지 풀리지 않을 멍이 되어 버린 때문입니다.
이제 백조는 나의 바다, 나의 섬, 죽음으로 이르는
골수의 병입니다.

우리는 시(詩)에서 보는 것처럼 행복은 찾아다닌다고 해서
가질 수 있는 것은 아닙니다.
하나님께서 인간을 처음 창조하셨을 때 행복을 주셨습니다.
그런데 그 행복을 제멋대로 사용했습니다. 그래서 천사들이
행복을 회수하기로 결정했습니다. 행복을 어디에 숨겨 놓아야
할지 의논을 했습니다.
한 천사가 제안했습니다. "저 깊은 바다 속에 숨겨 놓으면
어떨까요?" 천사장이 고개를 흔들었다. "그건 안 돼! 인간은 머

리가 비상하기 때문에 바다 속쯤은 금방 뒤져서 찾아낼 거야!"
"그러면 저 산꼭대기에 숨겨 놓으면 어때요?" "인간의 탐험 정
신 때문에 아무리 높은 산 위에 숨겨 두어도 찾아내지."

한참 고민을 하며 의논한 끝에 결론을 내렸습니다. "인간의
마음속에 숨겨 두기로 합시다. 아무리 그들의 두뇌가 비상하
고 탐험심이 강해도 자기들 마음속에 숨겨져 있는 것은 좀처
럼 찾아내기 어려울 거요. 그래도 찾아내면 그 사람은 행복을
누릴 자격이 있지요."

이 세상에 허스트와 같은 사람이 어디 한두 명이겠습니까?
혹시 우리도 이미 소유한 행복을 행복으로 여기지 못하고 다
른 곳에서 행복을 찾아 헤매는 어리석은 일을 하고 있지는 않
는지 돌아볼 필요가 있다고 생각합니다.

불평하는 자에게는 행복이 다가오지 않습니다. 행복은 자신
에게 주어진 것이 은혜임을 깨닫고 감사할 줄 아는 사람의 마
음에 깃드는 것입니다.

행복은 마음속에 있습니다. 우리는 마음속에서 행복을 찾아
야 합니다. 예수님은 하나님의 나라의 현주소에 대해서 말씀
하시기를 "또 여기 있다 저기 있다고도 못하리니 하나님의 나
라는 너희 안에 있느니라"(눅 17:21)고 말씀하셨습니다.

내세에만 천국과 지옥이 있는 것이 아닙니다. 우리 마음에

하나님의 평안이 있고 기쁨이 있으면 바로 천국입니다.

잠언 17장 22절을 보면, "마음의 즐거움은 양약이라도 심령의 근심은 뼈를 마르게 하느니라"고 말씀하고 있습니다. 의학계의 연구에 의하면, 웃음은 혈압을 낮춰주고 면역 체계를 강화시켜 준다고 합니다. 그러고 보면 웃음은 양약과 같은 효과를 준다는 것 입니다. 그것이 바로 '웃음과 감동이 있는 신약과 구약이 아닐까요.' 우리가 기쁘게 사는 일은 실제로 우리 자신의 건강을 위해서 좋은 것입니다.

기뻐하는 일은 자신에게 좋을 뿐 아니라 다른 사람에게도 좋은 것입니다. 감정은 전염성이 있습니다. 그렇기 때문에 기뻐하며 사는 사람은 이웃 사람들에게 기쁨을 주고, 이웃 사람들과 더불어 행복할 수 있습니다. 그래서 세상에는 독불장군이 없다고 하질 않습니까?

아무리 많은 재산을 가지고 있어도 얼굴을 찡그리고 살면 무엇 하겠습니까? 가진 것 없어도, 배운 것이 부족해도, 지위가 낮아도 기쁘게 사는 것이 행복입니다. 우리가 예수 그리스도를 증거하고 하나님의 영광을 드러내려면 찡그리고 슬퍼하는 얼굴을 가지고서는 안 됩니다. 밝고 명랑하게 웃으며 살아야 합니다.

그런 '웃음 바이러스'를 전파하는 사람이 있는 가정과 교회,

나아가 이웃은 행복할 수밖에 없을 것입니다.

잠언을 보면, "고난 받는 자는 그 날이 다 험악하나 마음이 즐거운 자는 항상 잔치하느니라"(잠 15:15)고 말하고 있습니다. 웃음은 우리의 좋은 시간들을 더욱 빛나게 해주고 우리의 어려운 시간들을 밝혀 줄 것입니다.

프랑스 사람들은 웃음에 아주 훌륭한 격언을 가지고 있습니다. "모든 날 중 가장 완벽하게 잃어버린 날은 웃지 않고 지나간 날이다"라고 했습니다. 그렇다면 요즘 우리가 잃어버린 날들이 얼마나 많습니까?

어느 CF 광고에서 우리나라 사람들이 일생을 살면서 웃고 사는 날수가 고작 20일뿐이라고 하는 광고를 내보낸 적이 있습니다. 또한 우리나라의 경제력은 세계 12위인데 반해 행복 만족도는 세계 57위라는 통계가 있습니다.

프랑스 격언으로 본다면 우리는 그 많은 날들을 잃어버리고 산다는 것이 아닐까요?

동전에 양면이 있듯이 모든 상황에도 양면이 있습니다. 어떤 사람이든 슬퍼하면서 웃을 수 없고, 낙심하면서 기뻐할 수 없습니다. 결국 항상 기뻐하는 일은 선택에 달린 것입니다. 우리는 두 가지 중에 하나를 선택해야 합니다. 웃음은 눈물보다 낫고, 기쁨은 탄식보다 나은 것입니다.

우리가 살면서 얼마나 웃을 일이 많겠습니까? 하지만 우리 속담에 '웃는 얼굴에 침 못 뱉는다'라는 말과 일소일소일노일 노(一笑一少一怒一老), 즉 '한번 웃으면 한번 젊어지고, 한번 노하면 한번 늙는다'라는 말처럼 범사에 감사함으로 웃고 살기를 소원해 봅니다.

버려야 할 마음

두 마음을 품은 자들아 마음을 성결하게 하라.

우리의 마음속에는 수많은 종류의 마음이 있습니다. 어떤 마음은 간직해야 할 것들이고, 어떤 것들은 내 버려야 할 것들입니다.

우리 안에는 그 두 종류의 마음이 뒤섞여 있습니다. 야고보서 4장 8절에서 보면, "두 마음을 품은 자들아 마음을 성결하게 하라"고 기록하고 있습니다.

바울도 이 두 마음의 갈등으로 인해 "내 지체 속에서 한 다른 법이 내 마음의 법과 싸워 내 지체 속에 있는 죄의 법으로 나를 사로잡는 것을 보는도다"(롬 7:23)라고 괴로워하던 때가 있었습니다.

성도된 우리들은 평생토록 추구해야 하는 성화(聖化)는 곧 마음의 변화입니다. 두 마음이 예수 그리스도의 마음을 닮은 한 마음으로 변화되어야 합니다.

우리가 예수 그리스도의 마음을 닮는 자 되기를 원한다면 먼저 버려야 할 마음에는 어떤 것들이 있는지 살펴보면서 회개하고 결단할 수 있는 시간을 가져 봅니다.

미워하는 마음

6·25 당시 수많은 병자들을 무료로 치료하여 주었으며, 자신의 의술을 하나님이 주신 달란트로 생각하여 일생을 가난하고 병든 자를 위해 살았던 장기려 박사가 외과 의사 조수였던 시절의 이야기입니다.

한번은 의무실에서 친구들과 이야기를 나누던 도중, 친구 한 사람이 소독해 놓은 거즈로 코를 풀었습니다. 그러자 옆에서 일을 보던 일본 간호사가 "아이, 더러워"하며 얼굴을 찡그렸습니다.

장기려는 이 말을 '조선 사람은 불결해요. 야만인 같아요'라는 의미로 듣고 괘심한 생각이 들었습니다. 이후로 장기려는 그 간호사를 혼내줄 궁리만 하고 있었습니다.

그러던 어느 날 좋은 기회가 왔습니다. 그 간호사가 병실 침대 카바의 터진 곳을 박음질하고 있는 것이었습니다. 장기려는 '이때다'라고 생각하고서 그 위에 시트를 펴기 시작했습니다. 그러자 그녀는 일에 방해가 된다며 다시 시트를 개켜놓았습니다. 바로 그때 장기려는 간호사가 조수에게 버릇없이 군다고 화를 내며 그녀의 뺨을 쳤습니다.

"······!"

그런데 그 순간, 그의 얼굴이 확 달아오르는 것을 느끼고 자신의 행동을 후회했습니다.

"아니, 내가 왜 이러지!"

후다닥 병실을 빠져나온 그는 병원을 그만 두기로 결심하고 선배 교수를 찾아가서 자초지종을 이야기했습니다. 그러자 그 교수는 그의 여린 가슴과 아픔을 조용히 감싸주며 그와 긴 시간 동안을 인간의 불완전한 감정에 대해 이야기를 나눴습니다.

그런데 이 일은 여기서 끝나지 않았습니다. 이틀 후에 그 간호사는 장티푸스로 자리에 눕고 말았습니다. 장기려는 그녀를 찾아가 용서를 빌었습니다. "나를 용서해 주시오. 정말 미안해요."

그러나 병원 의사들의 보살핌에도 불구하고 그녀는 앓아누운 지 일주일 만에 숨을 거두고 말았습니다. 장기려는 그녀의 죽음이 자신의 책임인양 느껴져 마음이 찢어지는 듯했습니다.

그는 이 일을 큰 교훈으로 삼고, 한평생 남을 미워하지 않았으며 오히려 섬기는 자의 자세로 살았습니다. 이로 인해 그는 사람들에게 한국의 슈바이처라는 존경을 받는 인물이 될 수 있었습니다.

시기하는 마음

시기(猜忌)는 자신이 바라는 어떤 것을 타인이 소유하고 있다고 지각(知覺, perception)할 때 생기는 감정입니다. 드라이든(S. Draidn)은 "시기는 거울을 들고 입술을 보는 것 같아서 숨을 쉴 때마다 입김이 서려서 사물을 올바르게 볼 수 없게 만든다"라고 했습니다.

다윗은 시기심의 희생자였습니다. 다윗이 전쟁에서 승리하고 돌아오자 "사울의 죽인 자는 천천이요 다윗은 만만이로다"라고 노래하는 군중의 소리를 듣자 사울 왕은 다윗을 시기하기 시작했습니다. 사울은 다윗을 너무나 시기한 나머지 그의 남은 인생을 시기로 눈이 먼 채로 보냈습니다.

사울은 다윗의 아내 미갈의 아버지이자 그의 친구 요나단의 아버지입니다. 어떻게 보면 가장 가까운 사람이었습니다. 우리가 사랑해야 할 사람을 미워하고 가까이 해야 할 사람을 멀리하는 것은 시기심 때문입니다.

시기심은 항상 다른 죄를 낳습니다. 왜 바리새인들이 예수님을 십자가에 못 박았습니까? 시기심 때문입니다. 예수님이 자기들보다 인기가 좋았습니다. 바리새인들을 따르던 사람들이 예수님을 따르기 시작했습니다. 바리새인들이 시기심을 품기 시작했습니다. 그 시기심이 살인을 불러왔습니다. 그들은 예수님을 십자가에 못 박았습니다.

그러나 자신을 '광야에서 외치는 자의 소리'라고 한 세례 요한은 예수님은 흥하여야 하고 자신은 쇠하여야 한다고 말했습니다. 자신의 제자들이 예수님을 따르기 시작해도 세례 요한은 시기하지 않았습니다. 오히려 예수님의 흥하심을 보고 기뻐했습니다. 시기심을 극복한 세례 요한을 보고 예수님은 "여자가 낳은 자 중에 세례 요한보다 큰 이가 일어남이 없도다"(마 11:11)라고 말씀하셨습니다.

시기심은 암(癌)과 같습니다. 처음에는 조용하고 없는 듯하지만 자라나면 걷잡을 수 없게 됩니다. 시기심을 암처럼 다루어야 합니다. 암이 발견되면 빨리 수술해서 없애야 하듯이 시기심도 암처럼 처리해야 합니다.

인간의 시기심을 극복한 아름다운 이야기가 있습니다. 영국의 설교 시대에 가장 유명한 세 명의 목사가 런던에서 목회를 하고 있었습니다. 한분은 그리스도 교회의 마이어(F. B. Mayer)목사님인데 책을 무척 많이 집필하신 목사님이었고, 또 한분은 기독교 역사상 제일 설교를 잘 하시는 침례교회 스펄전(Charles H. Spurgeon) 목사님이었으며, 마지막 한분은 12세 때 영국에서 설교를 시작으로 미국을 순회하면서 설교자로 활약하던 웨스트민스터교회의 캠벨 몰간 (George Campbell Morgan) 목사님이었습니다.

그런데 이 세 분 중에 몰간 목사님이 잠시 미국에 가서 사역을 하게 된 때가 있었습니다. 몰간 목사님과 친구 사이였던 마이어 목사님은 그분이 미국에 있는 동안 그를 위해서 열심히 기도했습니다.

그러다가 몰간 목사님이 다시 영국으로 돌아와 웨스트민스터교회를 담임하게 되었을 때 마이어 목사님은 이런 고백을 했습니다.

"몰간 목사님이 미국이 있을 때에는 기도하기가 좋았는데 서로 같은 도시에서 일하게 되니까 그를 위해서 기도하지 않게 되더군요."

이 말의 의미는 제과점을 하는 사람이 과일가게에서 일하는 사람을 위해서 기도하기는 쉽지만 같은 직종에 있는 사람들을 위해서 축복하며 기도하기란 쉽지 않은 마음과 같다는 뜻이었습니다.

어느 날부터인가 자꾸만 마이어 목사님의 마음에 다른 목사님에 대한 시기심이 일어났습니다. '나는 스펄전 목사님처럼 설교에 인기를 얻지 못하고 몰간 목사님처럼 권위 있는 목회를 하지도 못하는 구나'라는 마음이 자꾸 생겨 하나님께 기도를 했습니다.

"하나님! 저의 마음에서 이 시기와 질투를 없애 주시옵소서."

그러나 아무리 기도를 해도 그 시기는 그치지 않았습니다. 그런데 어느 날, 깊이 기도하는 마이어 목사님에게 하나님의 인자한 음성이 들려왔습니다.

"네 기도를 바꾸어라. 질투를 없애 달라고 기도하지 말고, 그들을 위해서 축복의 기도를 해라."

주님의 음성을 들은 후부터 마이어 목사님은 이렇게 기도를 바꾸었습니다.

"하나님! 스펄전 목사님과 그 교회를 축복하여 주옵소서. 캠벨 몰간 목사님과 웨스트민스터교회를 축복하여 주옵소서."

그러자 시기심이 사라지고 마음에 평안과 기쁨과 자유가 가득 차게 되었습니다.

어느 날 자기가 담임하는 교회의 공개기도 석상에서 마이어 목사님은 이런 기도를 했습니다.

"하나님, 옆간 목사님의 교회를 축복해 주셔서 사람들이 가득 메워지게 해주옵소서. 그래서 들어갈 자리가 없어서 사람들이 남거든 우리 교회에 보내 주시옵소서."

그 후 이 세 분은 아주 가까운 친구가 되었고, 이 세 교회는 모두 크게 성장했습니다. 그리고 모두 아름답게 주를 위해 일하셨고 명성을 얻는 목회자가 되었습니다.

테레사 수녀와 가까이 하는 사람들은 그녀의 순결한 인격에 큰 감동을 받았습니다. 특별히 그녀의 질투 없는 삶은 주변의 많은 사람들에게 큰 도전이 되었습니다.

어느 날 테레사가 한 어린아이의 고름을 만지며 치료하고 있을 때 함께 살고 있던 한 분이 이런 질문은 던졌습니다.

"수녀님, 당신은 잘 사는 사람이나 편안하게 살아가는 사람 혹은 높은 자리에 사는 사람들을 바라볼 때에 시기심이 생기지 않나요? 당신은 이런 삶에 만족하십니까?"

이러한 질문에 테레사는 유명한 대답을 했습니다.

"허리를 굽히고 섬기는 사람에게는 위를 쳐다볼 수 있는 시간이 없으니까요."

시기심은 다른 사람들이 잘하는 것에 대한 적대적인 마음이

기도 하며 죄이기도 합니다. 시기심이 생길 때마다 그 죄를 고백하고, 자신이 지금 누군가를 시기하고 있다면 그를 위해 기도하는 마음을 가져야 합니다.

질투하는 마음

질투(嫉妬)는 사랑하는 사람이 자기 아닌 타인에게 애정을 준다고 지각(知覺)할 때 생기는 감정입니다. 유대인들의 랍비 이야기 중에 질투에 대해 교훈이 있습니다. 먼저 고린도전서 12장 12-27절을 묵상하며 이하의 글을 함께 보도록 하겠습니다.

어느 날 한 천사가 두 여행객을 만나 함께 여행을 했습니다. 그런데 그 중에 한 사람은 아주 욕심이 많은 사람이었고, 또 한 사람은 아주 질투심이 많은 사람이었습니다. 한참을 여행하다가 헤어지는 시간이 되었을 때 천사가 이렇게 말했습니다.

"두 분 중에 먼저 한 분이 저에게 소원을 말하시면 제가 그분의 소원을 들어 드리겠습니다. 그리고 그 다음 분에게는 첫 번째 사람이 얻은 것에 두 배를 드리겠습니다."

생각지도 않은 행운에 기뻐해야 할 두 여행객은 오히려 심각한 고민에 빠졌습니다. 욕심 많은 사람은 자신이 먼저 이야기했다가는 두 번째 사람이 자기보다 더 많이 얻을 것이므로 말하지 못했고, 질투가 많은 사람은 상대방이 자기보다 더 얻는 것을 견딜 수 없어 가만히 있었습니다. 그래서 서로 먼저 말하기를 기다리다가 둘 다 아무 말도 안하고 침묵하는 시간이 계속되었습니다.

인내심이 극에 달한 욕심 많은 사람은 참다못해 질투심 많은 사람의 목을 꽉 잡고는 이렇게 말했습니다.

"야! 네가 먼저 얘기해! 말 안 하면 죽인다."

그랬더니 질투 많은 사람이 한참 고민하다가 이렇게 소원을 말하는 것입니다.

"내 소원은 눈 하나가 장님이 되는 것입니다."

그 순간 어떻게 되었을까요? 질투 많은 사람은 눈 하나만 장님이 되었고, 욕심 많은 사람은 두 눈이 다 멀어 버렸습니다.

이렇게 질투심은 무서운 것입니다. 그러므로 성경은 "만일 서로 물고 먹으면 피차 멸망할까 조심하라"(갈 5:15)고 교훈하고 있습니다.

그 유명한 존 웨슬리(John Wesley)도 아내의 질투심으로 인해 비극적인 결혼생활을 했던 사람이었습니다.

웨슬리가 32세에 선교사로 조지아 주에서 일하고 있을 때였습니다. 당시 그는 그레이스 머레이라는 아름다운 크리스천 여성을 사랑하고 있었으며 그녀와 결혼하기를 절실히 원했습니다.

그러나 그의 동생과 친구들은 그의 결혼이 이제 겨우 시작 단계에 있는 감리회를 산산조각 나게 만들 우려가 있다고 생각했기 때문에 웨슬리에게 결혼 생각을 버리도록 서둘러 설득했습니다.

"이봐, 존! 자네가 독신으로 지내는 것이 하나님을 더 기쁘시게 하는 일일 걸세."

웨슬리가 이로 인해 심각한 고민에 빠지자 한 친구가 "우리 제비뽑기를 통해 자네 결혼에 대한 하나님의 뜻을 분별하는 것이 어떤가"라는 제의를 해왔습니다.

웨슬리는 곰곰이 생각한 끝에 그 제안에 동의했습니다. 따라서 그 친구는 세 장의 종이를 준비하여 한 장에는 '결혼하라', 또 한 장에는 '올해는 생각하지 말라', 마지막 장에는 '더 이상 생각하지 말라'고 썼습니다.

웨슬리는 눈을 감은 채 조심스럽게 그 중 하나를 집었습니다. 그런데 웨슬리가 뽑은 것은 '더 이상 생각하지 말라'였습니다. 웨슬리는 크게 실망했으며 그녀와의 결혼도 포기했습니다.

그 후 웨슬리는 49세에 바질이라는 미망인과 결혼을 했습니다. 웨슬리 부인은 원래 성격이 포악하고 남달리 질투심이 강한 여성이었습니다.

그녀는 언제나 웨슬리를 감시했고, 때로는 포켓을 뒤져 편지를 훔쳐내 읽고는 조그만 꼬투리라도 있으면 폭언을 하고 그를 괴롭혔습니다. 웨슬리를 늘 의심했기 때문에 그가 마차 여행을 할 때에는 그가 떠난 다음 그의 뒤를 좇아가 마차 안에 누가 탔나를 조사해 보기도 하였습니다.

한번은 바질이 웨슬리의 전도 여행에 동행하였습니다. 어느 숙소에 있을 때 웨슬리의 전도인 존 행슨이 그 숙소를 방문하였습니다. 그런데 웨슬리는 바닥에 넘어져 있었고, 그녀는 손에 머리카락 한 줌을 쥐고 시근거리며 서 있었습니다. 그녀는 웨슬리의 머리채를 끌고 다녔던 것입니다.

웨슬리는 30년간 비극적인 결혼 생활을 했습니다. 그럼에도 불구하고 웨슬리는 단 5분간이라도 의기소침한 일이 없었습니다. 웨슬리는 낙천주의자였습니다. 그는 하나님을 향해 원망하지 않았습니다. 그는 자기 부인이 다정다감하고 자상하였다면 그녀에게 빠져 '전도하는 일을 게을리 했을 것이다'라고 고백하였습니다.

분노하는 마음

분노(憤怒)는 '분개하여 몹시 성을 낸다'라고 정의합니다. 몽

골을 통일하고 유럽까지 정복한 징기스 칸은 사냥을 위해 매를 데리고 다녔습니다. 그는 매를 사랑하여 마치 친구처럼 먹이를 주며 길렀습니다.

하루는 사냥을 마치고 왕궁으로 돌아오는 길이었습니다. 그는 손에 들고 있던 매를 공중으로 날려 보내고 자신은 목이 말라 물을 찾았습니다. 가뭄으로 개울물은 말랐으나 바위틈에서 똑똑 떨어지는 샘물을 발견할 수 있었습니다.

그가 바위틈에서 떨어지는 물을 받아 마시려고 하는데 난데없이 바람소리와 함께 자신의 매가 손을 쳐서 잔을 땅에 떨어뜨렸습니다.

물을 마시려고 할 때마다 방해하자 징기스 칸은 몹시 화가 났습니다.

"아무리 미물이라도 주인의 은혜를 모르고 이렇게 무례할 수 있단 말인가?"라고 말하면서 손에 들고 있던 칼을 빼어들고 다른 한 손으로 잔을 들어 물을 받았습니다.

잔에 물이 차서 입데 대자 다시 바람소리와 함께 매가 손을 치려고 내려왔습니다. 징기스 칸은 칼로 매를 내리쳤습니다. 그는 죽은 매를 치우면서 바위 위를 보게 되었는데 죽은 독사(毒蛇) 한마리가 샘물 안에 썩어 있었습니다.

그는 자기가 화를 내서 그만 매를 죽인 것에 대해 크게 후회했습니다.

존 헌터(John Hunter)라는 세계적인 생리학자가 있었습니다. 그는 분노, 질투, 독선 등의 감정을 품으면 심장의 혈관이 압박을 받아 심장병을 유발한다는 학설을 주장했습니다. 존 헌터는 학회를 열어 이 논문을 발표했습니다.

그런데 어느 학자가 그의 설명을 듣고 맹렬한 공격을 가했습니다. 존 헌터는 너무 화가 나서 반격을 가하려고 자리에서 벌떡 일어났습니다. 그 순간 그는 자리에서 쓰러져 숨을 거두었습니다.

죽은 원인은 간단했습니다. 극심한 분노가 심장의 혈관을 압박해 일어난 심장마비였습니다. 결국 존 헌터는 죽음으로 자신의 이론을 증명했습니다.

하버드대학교의 게이츠 교수는 분노가 얼마나 무서운 것인지를 실험을 통해서 보여주었습니다. 우선 그는 한 사람의 환자에게 고무관을 물리게 했습니다. 고무관은 차갑게 식혀 있던 것이므로 호흡 속의 가스는 액체로 변하게 됩니다. 이 액체는 고무관에 직결되어 있는 약물 속으로 흘러 들어가도록 구조가 되어 있습니다.

환자의 마음의 상태가 차분하고 기분이 좋을 때는 약물에 아무런 변화도 발생하지 않았습니다. 잠들어 있을 때에도 마찬가지였습니다. 그러나 환자가 갑자기 성을 내었을 때 약물 속에서 갈색의 침전물이 생겨났습니다. 이 갈색의 침전물을 채취해 쥐에게 주사를 놓아 보았습니다. 그러자 쥐는 별안간 미친 듯이 날뛰더니 이내 죽고 말았던 것입니다.

그는 이러한 실험 결과를 통해서 "성냄, 슬픔, 불안, 걱정, 증오, 원망 등의 정신 상태에서는 인체에서 어떤 물질이 발생하며 그 물질에는 대단히 강력한 독성이 있다"라는 사실을 발표하였습니다. 문제는 독사의 경우는 그 독을 담아주는 자루가 있고 그것을 배출하는 기능이 있으나 인간에게는 그런 식으로 인체구조가 되어 있지 않다는 것입니다.

그러면 어떻게 해야 하겠습니까? 성경은 "분을 내어도 죄를 짓지 말며 해가 지도록 분을 품지 말고 마귀에게 틈을 주지 말라"(엡 4:26-27)고 교훈하고 있습니다.

학교에서 문제를 일으킨 학생이 상담실에 불려가서 상담 선생님께 이렇게 말했습니다.

"선생님, 저는 화(분)를 내기는 하지만 절대 오래 가지는 않습니다."

그 학생의 변명에 선생님이 이렇게 대답했습니다.

"자네의 말을 이해할 수 있네. 그러나 학생! 수소폭탄이 떨어져도 오래가지는 않네. 그러나 무엇으로 그 재난의 상처를 복구할 수 있겠는가?"

화를 내는 것은 자칫 일을 그르칠 뿐 아니라 하나님의 의를 이루지 못합니다.

보복하는 마음

보복(報復)은 '남이 자신에게 해를 준 대로 그에게 해준다'라고 정의하고 있습니다. 아프리카에 르완다(Rwanda)라는 나라가 있습니다. 이 나라에는 투치족과 후투족이라는 두 종족이 살고 있었습니다. 벨기에가 이 나라를 지배할 때 한 종족은 노예로, 한 종족은 지배자로 만들었습니다.

그러다가 르완다는 1962년에 독립을 하게 되었습니다. 이때 노예로 있었던 종족이 일어나서 정권을 잡았습니다. 그리고 수십 년 동안 자신들을 노예로 부렸던 종족에게 보복을 했습니다. 1994년까지 무려 100만 명을 학살했습니다.

학살과 보복을 당한 종족은 총으로 무장한 반군을 만들었습니다. 그리고 무차별 게릴라전을 펼쳐서 새 정부를 수립했습니다. 새 정부를 수립한 이들은 반대 종족을 무려 300만 명이나 죽였습니다. 보복은 보복을 낳습니다. 보복은 끝없이 악순환 됩니다.

이로 인해 르완다는 굶주림과 죽음의 땅이 되고 말았습니다. 수많은 부모들이 어린 자식들을 잃었습니다. 또한 부모를 잃고 고아가 된 아이들은 집 없이 흙바닥에서 잠을 자고, 유엔난민구호대책기구에서 다 떨어진 천막과 얼마 안 되는 식량으로 하루에 한 끼씩 먹으며 살아가고 있습니다.

중세기의 이탈리아 천재 화가 미켈란젤로(Michelangelo)는 성격이 매우 괴팍하였을 뿐 아니라 고집 또한 굉장했습니다. 미켈란젤로가 '최후의 심판'을 완성하고 전시회를 하던 어느 날이었습니다. 그 전시회에 당시 의전 장관이었던 비아디오가 '최후의 심판'을 보러 그 전시장에 왔습니다.

비아디오는 그림을 보고 나서 속으로 감탄을 했습니다. 너무나 훌륭한 그림이었기에 그 그림을 보고 있는 동안에는 숨조차 제대로 쉴 수 없었습니다. 그러나 비아디오는 입 밖으로는 칭찬을 할 생각이 전혀 없었습니다. 왜냐하면 미켈란젤로의 오만한 성격이 매우 싫었기 때문이었습니다.

"꼭 목욕탕 모습 같구먼. 이 벌거숭이 떼 좀 보라고 …."

비아디오의 이 말을 듣고 곁에 있던 사람들도 모두 웃음을 터뜨렸습니다. 실제로 그 그림 전면에 그려진 사람들 모두가 벌거숭이였기 때문이었습니다.

잠시 후 이 말을 전해들은 미켈란젤로는 몹시 분해했습니다. "뭐, 비아디오가 내 그림을 모욕했다고! 에잇 괘심한 놈, 어디 두고 봐라."

이때부터 미켈란젤로는 또 하나의 그림을 그렸는데 제목은 '지옥에 떨어진 미노스 왕'이었습니다.

그런데 이 그림이 전시장에 걸리자 이탈리아는 발칵 뒤집혔습니다.

"앗, 저 얼굴 좀 봐! 의전 장관 비아디오의 얼굴이야."

비아디오는 이 말을 전해 듣고 부랴부랴 전시장으로 달려갔습니다.

"이럴 수가 …."

지옥으로 떨어지고 있는 그 미노스 왕의 모습은 바로 자기였던 것입니다. 비아디오는 미켈란젤로를 찾아가 빌면서 애원했습니다.

"제발 저 그림을 없애 주시요."

그러나 미켈란젤로는 딴청을 부리며 말했습니다.

"한번 지옥에 떨어진 자는 어쩔 수 없습니다. 내가 저 그림을 없앨 수 없는 것도 마찬가지예요."

아무리 애원해도 소용이 없게 되자 비아디오는 눈물을 머금고 물러나면서 이렇게 말했습니다.

"쳇, 죽기도 전에 지옥에 떨어지다니…."

사람은 누구나 자기가 미워하는 사람은 그를 한사코 지옥까지라도 밀쳐 넣으려 합니다. 그러나 예수님은 보복을 금하셨습니다.

"또 눈은 눈으로, 이는 이로 갚으라 하였다는 것을 너희가 들었으나 나는 너희에게 이르노니 악한 자를 대적하지 말라 누구든지 네 오른편 뺨을 치거든 왼편도 돌려 대며"(마 5:38-39)라고 말씀하셨습니다.

국제 대학생선교회(CCC)의 창시자 빌 브라이트(Bill Bright)가 전하는 두 사람의 일본 농부에 관한 이야기입니다.

어느 농부가 가파른 비탈길에 계단식 논을 만들고 그 논에 물을 대기 위해 물길을 만들기 시작했습니다. 그런데 그 물길이 완성되어 논에 물이 들어가자 이를 지켜보고 있던 다른 농부가 그 농부의 논 바로 아래에 자기의 논을 만드는 것이었습니다. 그리고 앞 논의 논두렁에 구멍을 뚫어 앞 논의 물이 자기 앞으로 흘러 들어오도록 했습니다.

이렇게 되자 처음에 논을 만들었던 농부는 약이 올랐습니다. 화가 나서 견딜 수 없었던 첫째 농부는 목사님을 찾아가 조언을 구했습니다. 그런데 목사님은 다음과 같이 말했습니다.

"그가 스스로 하는 것을 알지 못하니 그를 용서하게. 그리고 이제까지 한 것처럼 계속해서 논에 물을 대시요."

그래서 그 농부는 다시 돌아와 논에 물을 댔습니다. 그러나 바로 아래 논을 가진 농부는 조금의 가책어린 표정도 없이 태연하게 계속 물을 빼냈습니다.

얼마 지나지 않아 그 첫째 농부는 다시 목사님을 찾아가 하소연했습니다. 그러자 목사님은 또 다시 이렇게 말했습니다.

"그가 스스로 하는 것을 알지 못하니 그를 용서하게. 그리고 이제는 한 걸음 더 나아가서 그 아래에 있는 논까지 직접 물을 대어 주게."

그리하여 그 농부는 그 다음 날부터 그 아래 논에 물을 대주기 시작했습니다. 그런데 이로부터 한 달이 지난 어느 날, 아래 논을 만든 농부가 첫째 농부를 찾아와서 다음과 같이 물었습니다.

"어떻게 내가 그리스도인이 될 수 있습니까?"

그리스도인의 삶은 이것이 옳은가 저것이 옳은가 이성적으로만 따지는 삶이 되어서는 안 됩니다. 그렇다면 온통 화나는 일 뿐이요, 억울한 마음에 잠을 이루지 못하게 될 것입니다. 우리는 그것을 뛰어 넘어야 합니다. 그럴 때 우리의 신앙이 성장하고, 하나님의 영광을 나타낼 수 있는 것입니다. 우리는 하나님의 은혜 안에 거하여 악을 선으로 이겨야 합니다.

지녀야 할 마음

하나님은 우리에게 무조건적인 용서를 원하십니다.

지금까지 우리는 버려야 할 마음들을 살펴보았습니다. 이번에는 우리가 '지녀야 할 마음'들을 꼽아보려고 합니다. 이 마음들은 예수님이 품으셨던 마음이기도 합니다.

너그러운 마음

사람에게는 어느 정도 너그러운 마음, 관용하는 마음이 있습니다. 그런데 이 귀한 마음을 잃어버리게 되고 싸우고 원수를 맺는 것은 거의 대부분 자존심 때문입니다. 심지어 자존심 때문에 전쟁이 일어나기도 합니다.

1654년 스웨덴과 폴란드의 전쟁은 단지 정부의 문서 가운데 스웨덴 국왕의 직함이 폴란드 국왕의 것보다 하나 적다는 이유로 발발되었습니다. 유럽의 30년 전쟁(Thirty year's War, 1618-1648)은 한 소년이 거귀스 공작에게 거위와 자갈을 던진 것으로 시작되었습니다. 또한 백년 전쟁(Hundred year's War, 14-15세기 유럽에서 프랑스 왕위 계승의 정통성을 포함한 여러 문제를 놓고 잉글랜드와 프랑스가 벌인 전쟁)은 한 사람의 부주의로 인해 유리병 안의 물이 어떤 후작(侯爵, marquess)의 머리에 튀게 되면서부터 시작되었습니다.

우리는 평범한 사람들이기 때문에 우리가 한 작은 일로 전쟁까지는 일으키지 못할 것입니다. 그러나 우리는 크고 작은 일들에 분노함으로 가족이나 주변 사람들을 불쾌하게 하거나 불안하게 할 수는 있습니다.

바울은 자신을 비난하는 고린도 교회 성도들을 향하여 "고린도인들이여 너희를 향하여 우리의 입이 열리고 우리의 마음이 넓어졌으니 너희가 우리 안에서 좁아진 것이 아니라 오직 너희 심정에서 좁아진 것이니라 내가 자녀에게 말하듯 하노니 보답하는 것으로 너희도 마음을 넓히라"(고후 6:11-13)고 했습니다.

마음이 넓지 못하면 별 것도 아닌 일에도 화를 냅니다. 그러나 너그러운 마음을 가진 사람은 누가 자기를 비난하거나 억울한 일을 당해도 화를 내지 않고, 위기의 순간을 웃음으로 넘길 수 있습니다.

미국 역대 대통령 중에서 가장 존경을 받는 에이브러햄 링컨(Abraham Lincoln)은 너그러움에 있어서 예수님을 닮았습니다.

미국의 남북 전쟁이 거의 다 끝나갈 무렵, 남군은 최후의 힘을 다하여 기병대의 공격으로 워싱턴 시를 공격해 왔습니다. 링컨 대통령은 전투를 직접 관찰하기 위하여 현재의 육군병원 근처까지 나아갔습니다.

전쟁터 가까이에 서서 관찰하는 링컨 대통령이 그 큰 키는 적에게 아주 좋은 표적임에 틀림이 없었습니다. 그래서 대통령의 이 모습을 본 한 육군 중위가 링컨을 향하여 날카로운 소리를 질렀습니다.

"바보 같으니라구! 어서 엎드려요!"

그 이튿날 링컨 대통령은 자기에게 바보라고 소리를 친 그 중위에게 감사의 편지를 보냈습니다. 육군 중위가 대통령을 향하여 '바보'라고 소리친 것은 대통령의 명예를 훼손시킨 실수임에 틀림이 없었습니다.

그러나 링컨의 관대함은 자기의 생명을 위기에서 보호한 일에 오히려 감사를 했던 것입니다. 역시 큰 인물다운 데가 있습니다. 그 중위는 나중에 미국의 대법원의 대법관이 된 유명한 홈즈였습니다.

링컨이 암살을 당했을 때 자원해서 조사를 맡았던 스탠턴은 울먹이며 "링컨은 역사적인 인물입니다. 링컨은 사람을 변화시키는 위대한 힘을 가지고 있습니다. 그는 정말 이 시대의 위대한 창조자였습니다"라고 추모했습니다.

그는 한때 링컨의 이름조차 부르지 않고 '깡마르고 무식한 자'라고 불렀습니다. 심지어 그는 링컨의 외모를 보고 '고릴라의 원족'이라고 조롱하며 인격을 깎아 내리는데 최선을 다했던 링컨의 반대자 중의 반대자였으나 링컨은 그를 용서하고 사람들의 반대에도 불구하고 그를 국방장관에 임명한 바 있었습니다.

훗날 대통령에 오른 그랜트는 자신의 자서전에서 링컨에 대해서 "그는 남부 국민들에게 항상 관대하고 친절한 마음을 보여 주었습니다. 그리고 나는 그가 적을 학대하였다는 소리를 듣지 못 했습니다"라고 회상합니다.

링컨은 용서와 관대함이 가장 빠르고 가장 효과적인 정치적 치료 수단인 것을 알고 있었습니다.

실수 없이 살 수 있는 사람은 아무도 없습니다. 누가 우리에게 혹시 실수를 했을 때 관대함을 베풀 수 있는 천국의 백성들이 되어야 합니다. 실수를 관대하게 보아줄 수 있는 아량이 바로 사랑의 시작입니다.

용서하는 마음

우리는 삶을 살아가면서 여러 가지 문제를 만납니다. 어떤 문제는 쉽게 해결하지만 평생토록 씨름을 해도 해결하지 못하는 것도 있습니다. 그것은 용서의 문제입니다. 흔히 "죄는 미워하되 죄인은 사랑하라"고 쉽게 말합니다. 옳은 말이지만 실현하기란 대단히 어렵습니다.

홀로코스트(Holocaust, 제2차 세계 대전 중 나치 독일이 저지른 유대인 대학살) 희생자들을 위해 활동하는 작가인 사이먼 와이젠탈(Wiesenthal)의 『해바라기』(The Sunflower)가 1969년에 출간되었습니다. 생각의 여지를 많이 제공하는 이 책에서 그는 암울한 역사적 순간에 자신이 경험한 고통을 생생히 전해 주었습니다.

그가 죽음의 수용소에서 군인병원으로 이송되었을 때였습니다. 어느 날 한 간호사가 다가와 입원 중인 나치 병사 하나가 유대인에게 개인적으로 볼 일이 있다고 전했습니다. 와이젠탈은 무슨 일인지 짐작도 못한 채 간호사를 따라 어느 병실로 들어갔습니다.

병실에는 한 병사가 머리끝에서 발끝까지 붕대를 감은 채 누워 있었습니다. 병사는 그에게 고개를 돌리더니 들릴 듯 말 듯한 소리로 말을 걸었습니다. 와이젠탈은 병사를 보자마자 정신이 아찔했지만 신경을 곤두세우고 그의 말에 귀 기울였습니다.

병사는 자신이 한 유태인 마을 전체에 불을 질렀는데, 자신의 극악무도한 죄로 죽어간 사람들과 어린이들의 절규 때문에 도저히 견딜 수 없다고 했습니다. 그가 이 사실을 털어놓기 위해 유태인을 찾은 것은, 같은 유태인 동족에게라도 용서를 구해야 눈을 감을 수 있을 것 같아서라고 했습니다.

물론 와이젠탈은 용서한다고 말할 수 없었습니다. 사실 그는 몇 번이나 자리를 박차고 나오려 했습니다. 하지만 그때마다 병사는 "제발 가지 마세요"라고 울면서 간청했습니다. 병사는 마음의 짐을 내려놓고 싶었겠지만 그것은 와이젠탈에게 너무나 힘든 일이었습니다.

어떻게 그의 말 한마디나 손짓 하나로 인류에게 엄청난 죄를 저지른 사람을 용서할 수 있단 말인가? 와이젠탈 자신은 나치의 손에 89명의 친지를 잃었습니다.

그런데 몇 년 후 와이젠탈은 자신이 과연 옳았는지 의문스

러웠습니다. 죽음을 앞둔 나치 병사의 뉘우침을 받아들이고 그렇게 갈망하는 대로 용서해 줌으로써 그의 마음을 편안히 해 줬어야 하지 않았을까?

와이젠탈은 32명의 존경받는 사회 이론가, 심리학자 등에게 편지를 써서 의견을 물었습니다. 32명 가운데 26명은 와이젠탈이 나치 병사를 용서하지 않은 게 옳았다고 말했습니다. 이유는 다양했습니다. 나치가 인류에게 자행한 범죄를 그가 용서할 권리는 없다고 한 사람도 있었고, 나치 병사를 용서하기 싫었던 그의 마음에 공감을 표한 사람도 있었습니다.

그러나 나머지 6명은 와이젠탈이 좀 더 마음을 넓게 가지고, 다른 유대인은 몰라도 적어도 그 만이라도 병사를 용서했어야 한다고 했습니다.

하나님은 우리에게 무조건적인 용서를 원하십니다. 아무리 억울해도 무조건 용서해야 합니다. 나에게 상처를 준 사람이 찾아와서 잘못을 시인하고 용서해 달라고 하지 않아도 용서해야 합니다. 앙갚음할 권리를 포기해야 합니다. 그렇지 않으면 원한과 복수의 감정이 안에서 나를 파괴시킵니다.

찰리 존스(Chalie Jones)는 말하기를, "심한 상처를 받았을 때 용서하기를 꺼려하는 것은 자기 연민과 비탄을 낳는다"라는 말을 했습니다. 이 말을 반대로 적용해보면, 우리는 용서를 통해 스스로를 강하고 자신감이 넘치며 기쁘고 평화롭고 행복한 사람이 되도록 하는 것입니다. 결국에 용서는 내가 사는 길입니다.

레오나르도 다빈치(Leonarrdo da Vinci)의 일화가 있습니다. 그가 예수님의 '최후의 만찬'을 그리고 있을 때였습니다. 그는 자신이 미워하는 어떤 사람의 얼굴을 유다의 얼굴로 그려 넣으려 했습니다. 그는 자신의 작품 속에서 그가 미워하는 사람을 영원히 부도덕한 사람으로 만들고 은근히 즐기려 했습니다.

그런데 유다의 얼굴을 그리고 난 순간 이상한 일이 벌어졌습니다. 그림의 마지막 부분인 예수님의 얼굴을 도저히 완성할 수 없게 된 것입니다. 레오나르도 다빈치는 그 숙적을 용서하고 그의 얼굴을 그림에서 지워버리고 난 그 밤에서야 비로소 예수님의 얼굴을 그릴 수 있었습니다.

그러면 우리가 우리에게 죄지은 자를 쉽게 용서하지 못하는 이유는 무엇입니까? 그 이유는 두 가지입니다. 하나는 우리를 용서하신 하나님의 위대하신 사랑을 아직 체험하지 못했기 때문입니다. 또 하나는 하나님이 자기를 용서하셨음에도 그 사랑의 감격을 곧 잊은 채 옛 사람의 성품을 따라 살아가고 있기 때문입니다.

우리가 언제나 상처만 받고 피해자로서만 사는 것은 아닙니다. 우리도 때로는 남에게 상처를 줄 수 있습니다. 우리는 용서해야 할 뿐 아니라 용서를 받아야 합니다.

우리 인간이 용서할 수 있는 데는 한계가 있습니다. 바울은 성도들이 그 한계를 뛰어넘을 수 있는 방법을 제시하고 있습니다. 그것은 "주께서 가까우시니라"(빌 4:5)고 하는 말씀입니다. 이 말은 주께서 오실 날이 가깝다는 사실을 기억하며 살라는 것입니다.

주님께서 다시 오시면 모든 그릇된 것은 바르게 될 것입니다. 모든 핍박과 억울함이 사라질 것입니다. 그러므로 주님의 다시 오심을 기억하는 일은 우리가 기꺼이 관용을 베풀 수 있는 근거와 한계를 뛰어넘을 수 있는 동기를 부여해 주는 것입니다.

주님의 재림은 시시각각 다가오고 있습니다. 우리가 사는 동안 주님께서 오시든지, 아니면 우리가 주님께로 가든지 우리는 머지않아 주님을 만날 것입니다. 그날은 우리가 일한 대로 상 받는 날입니다.

주님은 우리가 그 날을 바라보며 넓은 마음으로 용서하며 살기를 원하십니다. 예수님은 십자가 위에서 그 모습을 보여 주셨습니다. 초대 교회의 일곱 집사 중의 한 사람인 스데반도 역시 예수님을 본받았습니다.

제2차 세계대전 직후인 1946년, 독일에서 있었던 일입니다. 전쟁 뒤라서 민심이 흉흉한 때였습니다. 어느 날 밤, 한 농장에 약탈을 일삼는 건달패들이 침입했습니다. 외딴 농장이라 주위에 도움을 청할 기회도 없이 일가족이 무참히 살해당하고 말았습니다.

순찰 중이던 경찰이 총성을 듣고 급하게 달려왔으나 가족들은 이미 죽고 건달 중 몇 명만을 붙잡을 수 있었습니다. 그런데 다행히 가족 중 맏아들이 아직 숨이 남아 있어 병원으로 옮겨 생명을 구할 수 있었습니다.

그로부터 20년 뒤 맏아들이었던 사람은 아픈 상처를 딛고 일어나 사업에 몰두하여 성공하였고, 또한 화목한 가정을 이뤄 다복하게 살고 있었습니다. 그러던 중 맏아들이었던 그는 20년 전 자기의 가족을 모두 살해한 건달 중 한 사람이 복역기간을 끝냈지만 갈 곳이 없어서 당국에서 석방하지 않고 있다는 소식을 전해 듣게 되었습니다.

이러한 사정을 알게 된 맏아들은 여러 가지 고민과 갈등 끝에 중대한 결심을 했습니다. 그것은 자신을 후견인으로 하여 그 살인자를 석방해 달라고 당국에 요청하는 것이었습니다. 그는 다음과 같은 청원서를 제출했습니다.

"우리는 모두 죄인입니다. 예수 그리스도께서는 저의 죄를 위하여 죽으셨고, 저를 용서하셨습니다. 저도 그 사람을 용서하려 합니다."

잠언 19장 11절에는 "노하기를 더디 하는 것이 사람의 슬기요 허물을 용서하는 것이 자기의 영광이니라"고 말씀하십니다. 성경은 억울한 일을 당했을 때 우선 참으라고 가르치고 있습니다. 참는다는 것은 용서의 가장 큰 표현이기 때문입니다.

사실, 나에게 상처를 준 사람을 용서해야 한다는 것은 생각일 뿐이지 행동으로 옮기기 어렵습니다. 먼저 하나님께 너그러운 마음을 달라고 기도하는 것이 필요합니다.

"그를 위해 기도해 주시요. 조종사를 용서합니다."

2008년 12월 8일 미국 캘리포니아 주 샌디에이고에서 발생한 FA-18 전투기 추락 사고로 단란한 가정(아내와 두 딸, 장모)을 송두리째 빼앗긴 재미 교포 윤동윤 씨는 슬픔 속에서도 "그는 미국의 보물이다. 조종사는 최선을 다한 사람이다"라고 말하며 "나를 위해 기도해 주신 모든 분들과 우리 가족의 시신을 찾아준 사람들에게 감사드린다"라고 말했습니다.

용서하는 마음에 기쁨이 있고, 용서하는 마음에 평화가 있습니다. 참으로 행복한 사람은 용서할 수 있는 사람입니다. 용서는 마음의 행복을 얻는 가장 지혜로운 행복입니다.

잔잔한 마음

'세옹지마'(塞翁之馬)라는 이야기는 누구나 잘 알고 있는 전
화위복(轉禍爲福)을 교훈하는 옛날이야기입니다. 보는 각도
에 따라서 사물의 모습이 다르듯 다른 측면에서 새롭게 주목
하게 되는 것은 그 노인의 잔잔한 마음입니다.

옛날 중국의 어떤 노인에게 말 한 필과 한 아들이 있었습니
다. 어느 날 그의 말이 마구간에 구멍을 내고서 들로 도망을
쳤습니다. 사람들은 큰 재산을 잃어버렸다고 한마디씩 하였습
니다. 그러나 그 노인은 지혜로운 사람이라 아무 말을 하지 않
았습니다.

그날 밤 잃어버렸던 말이 두 마리의 야생마를 데리고 마구
간으로 돌아왔습니다. 이제 말이 세 마리가 되었습니다. 이웃
사람들은 와서 노인이 말 부자가 되었다고 부러워하였습니다.
그러나 노인은 말이 없었습니다.

그런데 아들이 야생마를 길들이다가 떨어져서 다리를 다치
게 되었습니다. 이웃 사람들이 외아들이 다리를 다쳤으니 얼
마나 마음이 아프냐고 위로하였습니다. 역시 노인은 별다른

말이 없었습니다.

며칠 후 전쟁이 났습니다. 동네의 청년들이 다 전쟁에 징집되어 나갔다가 한 사람도 고향으로 돌아오지 못했으나 다리를 다쳐 남게 된 노인의 아들만 살아남게 되었습니다. 노인은 여전히 말이 없었습니다.

결코 평범한 노인이라고 볼 수 없습니다. 마음 수련이 되어 있지 않으면 노인을 흉내조차 낼 수 없는 것입니다. 얕은 시냇물이 요란한 소리를 내는 것처럼 많은 사람들이 조그만 일에 일희일비(一喜一悲)합니다. 이런 사람들의 가벼운 마음에는 결코 잠잠함이 있을 수 없는 것입니다.

우리가 잊지 말아야 할 것이 있습니다. 나쁜 일이 다 나쁜 것은 아닙니다.

헤럴드 러셀(Herold Russell)은 영국의 공수부대원으로 1941년 일본군 진주만 공격이 감행된 후 전투에 나갔다가 포탄에 맞아 두 팔을 잃고 장애자가 되었습니다.

그 후 참혹한 좌절에 빠져 쓸모없게 되었다고 생각했지만 '잃은 것보다 가진 것이 더 많지 않은가'라는 긍정적인 생각을 하였습니다.

그는 절망하지 않고 기독교 신앙으로 온갖 어려움을 딛고 금속으로 된 의족과 의수를 장착하고 글을 쓰며 살았습니다.

이런 불굴의 투지로 글을 쓴 결과 '우리 생애 최고의 해'라는 시나리오 작품을 내어 영화에까지 출연하여 아카데미상까지 받았고 상금을 모두 자선사업 단체에 기부했습니다. 기자회견에서 "신체적 조건이 당신을 절망하게 하지 않습니까"라는 질문을 받은 그는 웃으며 말했습니다. "장애가 오히려 축복이 되었습니다."

하나님께서는 우리에게 무엇이 좋은지 무엇이 나쁜지를 다 알고 계십니다. 하나님께서 모든 일을 합력하여 선을 이루어 주시는 분이심을 믿는다면 어떤 환경에서든지 하나님의 뜻이 이루어지고 있음을 믿고 잠잠할 수 있습니다.

어느 날 이탈리아의 유명한 시인 단테(Dante)가 어떤 수도원 대문 앞에서 멍청하게 서 있었습니다. 그때 그 문 앞에 서 있던 한 신부가 단테에게 누구를 찾느냐고 반복해서 물었습니다. 한동안 침묵을 지키던 단테는 맥이 없는 음성으로 말했습니다.

"나는 평안을 찾고 있습니다."

단테의 말은 우리에게 무엇이 중요한 것인지 가르쳐 주고 있습니다. 비록 우리가 사건과 사고가 끊이지 않는 어수선한 세상 속에서 살고 있지만 호수와 같이 잔잔한 마음을 갖기 위해 노력해야 합니다. 그렇지 않으면 내면의 질서를 잃어버리면 하루하루를 허겁지겁 무언가에 쫓기듯 인생을 살게 되는 것입니다.

사람이 마음의 평화를 갖는다는 것은 참으로 중요합니다. 마음의 평화는 샛별과 같고 모든 덕은 태양과 같습니다. 샛별이 지고 태양이 떠오르듯이 마음의 평화에서 모든 덕스런 행위가 솟아납니다.

어느 초등학교 선생님이 반 학생들에게 평화를 주제로 그림을 그리도록 했습니다. 학생들이 그린 그림 중에서 두 작품이 우수한 작품으로 뽑혔습니다.

한 학생이 그린 그림은 쳐다보기만 해도 평안을 느끼게 하는 아름답고 평화스러운 풍경이었습니다. 마을 앞에는 잔잔한 시내가 흐르고 따스한 햇살을 받으며 삽살개 한 마리가 초가집 마당에서 한가로이 졸고 있는 광경이었습니다.

그 그림은 슬쩍 보기만 해도 아주 평화스러워 보이는 반면에, 또 하나의 다른 그림은 아주 다른 평안의 모습을 그려내고 있었습니다. 폭풍우가 무섭게 몰아치는 높은 벼랑의 모습이 이 그림의 배경이었습니다. 그런데 이 깎아지는 벼랑의 틈바구니 속에 깊이 패어진 부분이 있었습니다. 그 안에는 어미 새의 품안에서 새록새록 잠들어 있는 아기 참새의 모습이 그려져 있었습니다.

성경에서 우리에게 약속하고 있는 평안은 전자의 평안이 아니라 후자의 평안입니다.

"이것을 너희에게 이르는 것은 너희로 내 안에서 평안을 누리게 하려 함이라 세상에서는 너희가 환난을 당하나 담대하라 내가 세상을 이기었노라"(요 16:33).

겸손한 마음

겸손은 피조물인 인간이 창조주 하나님 앞에서 자기 자신의 부족함을 깨닫고 인정하는 일로서 곧 자기 자신을 아는 일입니다. 곧 내가 하나님 앞에서 얼마나 큰 죄인이고 무가치한 존재이며 얼마나 잘못한 것이 많은 사람인가를 아는 것입니다.

미국의 제33대 대통령을 지낸 해리 트루먼(Harry S Truman)은 미국 역사상 가장 겸손한 대통령으로 평가를 받고 있습니다.

한번은 주방 직원들이 트루먼에게 생일 케이크를 만들어 주었습니다. 식사가 끝나자 트루먼은 잠시 양해를 구하고는 주방으로 들어가 요리사에게 감사의 뜻을 표했습니다. 백악관 역사상 역대 대통령 중에 어떤 이유로든 주방에 들어간 사람은 그가 처음이었습니다.

그의 책상에는 전임 대통령들이 비서를 대통령 집무실로 부를 때 누르던 단추가 있었습니다. 트루먼은 그것을 없애 버렸습니다. 단추를 눌러 호출하는 방식을 거부하고 대신 직접 문으로 가서 사람들을 공손히 청해 들였습니다.

트루먼이 스탈린과 처칠을 위해 마련한 환영 만찬에서 있었던 일입니다. 미국 군인 유진 리스트 하사가 그랜드 피아노 앞에서 특별 연주를 준비하고 있었습니다. 리스트가 말했습니다. 누구든지 나와서 악보를 넘겨 달라고 부탁하자 트루먼이 자청했습니다.

나중에 리스트는 아내에게 이렇게 편지를 썼습니다. "미국 대통령이 내 옆에서 악보를 넘겨주다니 한번 상상해 보시오 …우리 대통령은 그런 분이십니다."

트루먼은 자신의 리더십 스타일을 회고하면서 "나는 내가 누구이고 어디서 왔으며 어디로 갈 것인지 절대 잊지 않으려 했다"라고 말했습니다.

그랬기 때문에 트루먼 주변 사람들의 충성은 전폭적이었고 절대 흔들리지 않았습니다. 트루먼 행정부에 속했던 이들 중 말로나 글로 그를 혹평하거나 어떤 식으로든 비하한 사람은 아무도 없었습니다.

우리나라의 지도자 가운데 겸손한 사람으로 유명한 분은 조만식 선생님입니다. '한국의 간디'라고 불리는 조만식 선생님은 순교자 주기철 목사님과 인연이 깊은 관계였습니다. 조만식 선생님이 오산학교 교장을 맡고 있을 때 주기철 목사님은 그 학교의 학생이었고, 또 주기철 목사가 평양 산정현교회에서 시무하고 있을 때 조만식 선생님은 그 교회의 장로님이었습니다.

그런데 어느 주일날, 산정현교회에서 이런 일이 있었습니다. 조만식 장로님이 교회로 가기 위해 집을 나서려 하는데 급한 손님이 찾아와 10여분 이야기를 나누게 되었습니다. 간단히 대화를 마치고 황급히 교회로 왔습니다.

헐레벌떡 도착한 조만식 장로님은 뒷문을 살짝 열고 보았습니다. 벌써 설교 시간이었습니다. 조만식 장로님은 조용히 들어가 맨 뒷자리에 앉으려 했습니다. 그때 주기철 목사님이 설교를 하다말고 갑자기 소리를 쳤습니다.

"조 장로님! 오늘은 서서 예배를 드리세요."

조만식 장로님은 깜짝 놀라서 그 자리에 멈춰서고 말았습니다.

이런 경우에 요즘 사람 같으면 아무리 예배 시간이라고 하더라도 그 자리에서 나오고 말았을 것입니다. 또 그렇게 하는 목사님도 없을 것입니다.

그러면 조만식 장로님은 책망을 들을 때 어떻게 했습니까?

그를 향해 호통 치는 사람은 다른 사람도 아닌 자기 제자였습니다. 그러나 조만식 장로님은 야단을 듣고 예배가 끝날 때까지 그 자리에 꼬빡 서 있었습니다. 아마 한 시간의 예배 시간이 조만식 장로님에게는 끔찍이도 길게 느껴졌을 것입니다.

예배가 끝날 무렵 주기철 목사님은 조만식 장로님에게 대표 기도를 요청하였습니다. 그러자 조만식 장로님은 그 자리에서 기도하기 시작했습니다.

"주님 용서하여 주옵소서. 주님을 만나는 것보다 사람 만나는 것을 더 중히 여긴 이 못난 죄인을 용서하여 주옵소서 …. 또한 이 일로 주의 종을 마음 아프게 하였사오니 이 어찌 큰 죄가 아니겠습니까?"

조만식 장로님은 더 이상 기도하지 못하고 눈물을 흘리고 말았습니다. 그 뿐 아니라 그 자리에 모인 모든 교인들도 눈물을 참지 못하고 울음을 터트리고 말았습니다.

"나는 마음이 온유하고 겸손하니 내게 배우라"는 예수님의 말씀을 따라 스스로 겸손의 본을 보인 조만식 장로님은 이로 인하여 더욱 존경받는 민족의 스승이 될 수 있었습니다.

겸손한 마음은 바다와 같습니다. 바다는 모든 계곡의 물, 시냇물, 강물을 받아들입니다. 동양의 옛 성인은 '바다가 만곡의 왕자인 것은 낮은 곳에 있기 때문이다'라고 했습니다.

겸손한 마음을 가진 사람은 이런 사람, 저런 사람 할 것 없이 모든 사람을 품을 수 있고 그로 인해 존경을 받을 수 있는 것입니다.

긍정적인 마음

긍정적인 마음을 가진 사람은 절망적인 상황에서도 희망을 보고, 누구를 만나든지 그에게서 장점을 보고 칭찬거리를 발견합니다. 그러나 부정적인 마음을 가진 사람은 아름다운 장미꽃을 보고도 꽃은 보지 않고 가시만 보는 것입니다.

한 남편이 매사에 부정적인 부인과 살고 있었습니다. 작가였던 부인은 어떤 주제로 글을 쓰든지 항상 글의 첫머리는 '어둡고도 우울한 밤이었습니다'라는 문장으로 시작했습니다. 이런 부인의 글을 보다 못한 남편이 권면을 했습니다.

"여보, 조금 더 적극적으로 글을 써보면 어때?"

"그럼 어떻게 써야 하는 데요?"

"음, '옛날 옛적에'라는 말로 시작해 보면 어떨까?"

부인이 남편의 조언을 좋게 받아들여서 큰마음을 먹고 첫 문장을 다시 썼습니다.

"옛날 옛적에, 어둡고도 우울한 밤이었습니다."

이렇듯 매사에 부정적인 생각에 젖어 있는 사람들은 언제 어디서나 항상 부정적일 수밖에 없습니다.

매사에 '안 돼'라고 부정적으로 사는 일은 불행을 자초하고 자기의 인생을 파괴하는 것입니다. 전능하신 하나님을 믿는 성도된 우리는 마음과 사고방식과 그 인품에 있어서 마땅히 '할 수 있다'라는 긍정의 사람이어야 합니다.

긍정적인 마음이 무엇인가를 가르쳐주는 재미있는 이야기들이 있습니다.

한 소년이 믿음과 긍정의 생활에 대한 설교를 듣고 크게 감명을 받았습니다. 그는 야구장에서 공을 치는 순서가 되었을 때 그 원칙을 적용하기로 했습니다.

그래서 소년은 마음속으로 외쳤습니다.

"그렇다! 나는 홈런을 칠 수 있다! 나는 꼭 잘 할 수 있다! 나는 홈런을 꼭 친다! 나는 믿는다!"

드디어 투수가 공을 던졌습니다. 그는 꼭 홈런을 칠 것이라는 긍정적인 확고한 믿음으로 배트를 휘둘렀습니다. 꼭 홈런이 될 것을 믿었습니다. 그러나 그는 헛스윙을 했고 심판은 소리쳤습니다.

"스트라이크!"

얼마나 낙심이 되었겠습니까? 그러나 그 소년은 말했습니다. "야! 정말 대단한 투수로구나!"

돈 많은 어느 미국 사람이 중국 사람이 경영하는 가게를 찾아와서 그 가게를 자기에게 팔라고 했습니다. 중국 사람이 안 판다고 하자 돈을 많이 줄 테니 팔라고 간청했습니다. 끝까지 안 판다고 했더니 화가 난 미국 부자는 그 가게 옆으로 붙은 집들을 전부 사서 집들을 부순 후에 그 자리에다 빌딩을 짓는 것이었습니다.

공사가 다 완성되자 빌딩 안에 많은 물건들을 들여왔고, 이제 개업 대매출을 한다고 대대적으로 홍보를 했습니다. 중국 사람은 대단히 곤란을 당하게 된 셈이었습니다. 그는 옆의 그 건물에 가득히 차 있는 물건을 바라보며 머리를 슬슬 긁었습니다.

그러더니 그는 간판 집에 가서 새로운 간판 하나를 만들어와서, 먼저 간판을 떼고 자기 가게의 정면 위 그 자리에다 새로운 간판을 붙이는 것이었습니다. 큰 빌딩 앞에 붙어 있는 중국 사람의 작은 가게 간판의 내용은 다음과 같았습니다.

"들어가는 입구!"

지금은 '안 된다, 어렵다, 힘들다'라는 말로 가득합니다. 사람은 듣는 말에 의해서 영향을 받습니다. 그러므로 우리가 긍정적인 마음을 유지하려면 부정적인 말에 대해서는 어느 정도 귀를 닫고 역으로 밝은 면을 찾을 수 있어야 합니다.

마음의 염려

염려한다고 해서 문제가 해결되는 것이 아닙니다.

염려나 근심, 걱정은 인간의 실존적(實存的) 문제입니다. 산다는 것 자체가 염려와 근심과 걱정의 연속일 것입니다.

조셉 스크라이(J. Scriven)가 작시한 찬송가 '죄 짐 맡은 우리 구주' 2절 가사를 보면, "시험 걱정 모든 괴롬 없는 사람 누군가 부질없이 걱정 말고 기도드려 아뢰세!"라고 했습니다.

인생은 어렵습니다. 인생은 복잡합니다. 인생에는 고통이 있습니다. 이 세상에 염려 없이 살수 있는 사람은 한 사람도 없습니다. 그러나 염려한다고 해서 문제가 해결되는 것이 아닙니다.

성경은 이렇게 기록하고 있습니다. "그러므로 내일 일을 위하여 염려하지 말라 내일 일은 내일이 염려 할 것이요 한 날의 괴로움은 그 날로 족하니라"(마 6:34)고 말씀하고 있습니다. 사람들이 염려하는 90퍼센트는 실제로 일어나지 않습니다.

이와 관련한 이야기가 있습니다. 미국 펜실베이니아주립대의 탐 보르코백(Borkovec T. D.) 연구진은 다음과 같은 연구 결과를 발표했습니다.

걱정거리의 79%는 실제 일어나지 않고, 16%의 사건은 미리 준비하면 대처할 수 있다는 것입니다.

즉 걱정이 현실이 될 확률은 5%인 것입니다. 이 5%의 확률로 일어나는 일은 사상 초유의 천재지변처럼 사람의 힘으로는 막기 힘든 일입니다. 그 외에 일어나는 대부분의 일은 적절히 준비해 두면 막상 일이 벌어져도 괜찮다는 것입니다.

중국 도가 경전인 '열자'(列子)에 나오는 이야기입니다. 중국 기杞 나라에 하늘과 땅이 무너지면 제 몸 둘 곳이 없으리라고 생각한 나머지 잠도 폐하고 근심하는 한 남자가 있었습니다. 그가 그런 근심에 빠졌다는 것을 안 한 친구가 찾아가서 깨우쳐 주었습니다.

"하늘은 공기가 쌓여서 된 것이야. 그리고 그 공기는 우리들이 움직일 때, 숨 쉴 때 어디든지 있는 것이지. 그런데 어찌 하늘이 무너진다고 걱정을 하고 있는가?"

그 사람이 말하기를 "해와 달과 별들은 왜 떨어지지 않는가?"

깨우쳐 주려고 간 친구가 다시 설명했습니다.

"해와 달과 별들은 공기가 쌓인 하늘에서 빛을 내는 것이므로 설사 떨어지더라도 인간에게 상처를 주지 않는다네."

"그렇다면 땅이 꺼지면 어떻게 하는가?"

"땅은 흙의 덩어리기 때문에 염려가 없네. 우리들이 걷는 곳, 밟는 곳 어디를 가든 사방이 흙덩어리로 차 있지 않은가? 아침부터 밤까지 이 위를 걷고 앉고 하는데 어떻게 꺼질 수 있는가?"

친구의 말을 듣고서도 깨닫지 못한 이 남자는 일평생 근심 가운데 살다가 죽었다고 합니다. 이와 같이 쓸데없는 걱정을 하는 것을 가리켜 '기우'(杞憂)라고 합니다.

염려는 무가치한 것입니다. 염려하는 것은 시간 낭비일 뿐입니다. 그러나 사람들에게 염려는 너무나도 보편적이기 때문에 누구도 그것을 병으로 생각하거나 치유하려고 하지를 않습니다. 오히려 자연스러운 감정으로 생각할 정도이며 염려를 끌어안고 살고 있습니다.

염려는 사람을 나약하고 무기력하게 만드는 심각한 마음의 병이며, 그 특성이 전염병과도 같습니다. 많은 정신 분석가들은 이 염려가 홍역이나 디프테리아 같은 병보다 더 전염성이 강하다고 생각합니다.

그렇습니다. 염려는 전염성이 있습니다. 이솝우화 가운데 이런 이야기가 있습니다.

토끼가 야자나무 아래서 낮잠을 자고 있었습니다. 갑자기 어디선가 '우르릉 쾅' 하는 소리가 들리자 토끼는 소스라치게 놀라 깨어나서 달아나기 시작했습니다. 무르익은 야자열매가 나무에서 떨어졌던 것입니다.

토끼는 무슨 영문인지 알아보려고 하지도 않고, 세상의 종말이 왔나 보다 생각하고 도망을 친 것입니다. 토끼가 달리는 것을 보고, 여우도 달리고, 그 뒤를 사슴이 그리고 원숭이가 뒤따랐습니다. 이리하여 산짐승들은 모두 다 토끼를 뒤따라 죽을힘을 다하여 달리기 시작했습니다.

그 중 한 짐승이 무슨 일로 이렇게 달리느냐고 물었습니다. 원숭이는 사슴이 달려가기 때문이라고 했고, 사슴은 여우가 달려가기 때문이라고 했습니다. 토끼에 이르자 토끼는 세상의 종말을 고하는 소리를 듣고 도망치는 중이라고 했습니다.

그러나 주위는 뛰기 전의 모습 그대로요, 세상 종말의 어떤 기미도 보이지 않았습니다. 짐승들은 토끼가 낮잠을 자던 곳으로 함께 가 보았습니다. 그제서야 그 소리가 야자열매 떨어지는 소리였음이 밝혀졌습니다.

오늘날 사람들은 "바쁘다 바빠"라고 하면서 바쁘고 분주하게 뛰고 있습니다. 왜 바쁜지도 모르면서 바쁘니까 덩달아 바빠지고 있습니다. 더구나 "경제 위기다, 경제 위기다"하니까 덩달아 경제 위기의 염려와 근심을 가지고 살아가고 있습니다.

그래서 존 학개는 『How to Win Over Worry』(염려를 극복하는 길)이라는 저서에서 염려를 "인류의 적 제1호"로 규정했습니다. 그 이유는 염려는 전염성이 강해서 당사자뿐만 아니라 가족이나 주변 사람들 그리고 사회 전체에 파괴적인 영향력을 미치기 때문입니다.

우리는 염려하는 것을 당연하게 여기거나 또는 가볍게 생각할 것이 아니라 염려로부터 벗어나 자유로워질 수 있어야 합니다.

어느 심리학자는 염려를 '느린 형태의 자살'이라고 했습니다. 의사들은 위장 장애의 80퍼센트는 염려와 두려움에서 온다고 말합니다. 염려하고 두려워하면 거의 위장병이 생깁니다. 심장도 뛰고 머리도 아프고 잠도 안 옵니다. 염려는 건강에 지장을 주어 생명을 단축시킵니다.

염려(念慮)의 우리말 사전에는 '어떠한 일에 여러 모로 헤아려 걱정함'이라고 했으며, 영어로는 '워리'(Worry)라고 말하는데, 독일어의 '워겐'(Wyrgen)이라는 말에서 유래되었습니다. 워겐이라는 말은 '목을 졸라 죽인다'라는 뜻입니다. 염려는 우리의 시각을 흐리게 만들고 현실을 제대로 보지 못하게 만듭니다.

염려에 사로잡히면 마음이 답답하고 무엇이 합당한 염려이며 무엇이 쓸데없는 염려인지조차 분간하기 어렵습니다. 머리가 무거워집니다. 마음이 우울해집니다. 갈피를 잡을 수 없을 정도로 착잡하고 화가 치밀어 오르기도 합니다.

우리는 염려가 얼마나 우리를 괴롭게 하는 것인지 경험을 통해서 잘 알고 있습니다. 염려는 행복의 열매를 갉아먹는 벌레와 같습니다. 세상적인 염려는 우리의 영적인 힘을 약화시키고 행복감을 빼앗아 갑니다.

우리가 행복하게 살아가기 위해서는 염려를 떨쳐 버릴 수 있어야 합니다. 이에 대한 바울의 처방은 간단합니다. 그 방법은 기도하라는 것입니다. 염려를 이길 수 있는 가장 적극적인 방법은 문제를 하나님 앞으로 가지고 나가 무릎을 꿇고 기도에 몰두하는 것입니다.

1997년 6월 24일자 타임지에 'Faith and Healing'(믿음과 치유)라는 제목의 기사가 실린 적이 있습니다. 그 기사는 기도와 치유에 대해 과학적으로 접근한 것입니다. 내용은 대체로 영에 지배되는 신체적인 요인이 많다는 것이었습니다.

예컨대, 기도를 열심히 하면 어째서 병이 치유되는지 설명하는 대목에서 "기도할 때 체내에서는 모르핀 호르몬이 쏟아져 나온다. 그래서 통증을 잊게 할 뿐 아니라 병을 이긴다"라는 것입니다. 이런 점에서 우리는 기도해야 합니다.

바울은 "아무 것도 염려하지 말고 오직 모든 일에 기도와 간구로 너희 구할 것을 감사함으로 아뢰라"(빌 4:6)고 말씀하고 있습니다. 우리가 주목할 부분은 기도하되 모든 일에 대하여 감사함으로 기도하라는 요청입니다.

우리가 기도할 때 처음부터 문제를 내어놓고 간구를 시작하면 문제에 짓눌려 기도가 잘 되지 않습니다. 그러므로 처음에는 일반적인 기도로부터 시작하여 간구해야 하며 간구할 때 감사함으로 아뢰어야 하는 것입니다. 왜 그렇게 해야 합니까? 우리의 생각이 좁아지지 않도록 하기 위해서입니다. 사람은 누구나 어려움을 당하면 시야가 좁아지게끔 되어 있습니다.

그 상태는 마치 우물 안의 개구리와 같습니다. 개구리는 자기 머리 위의 하늘만 쳐다보기 때문에 그 작은 하늘이 어두워지면 온 세상이 다 어두워지는 줄 아는 것입니다.

가령 치통을 앓게 되면 그 통증 때문에 다른 데 대해서는 생각하지 못하게 됩니다. 이와 마찬가지로 우리는 염려로 인해 다른 감사거리마저 잃어버리게 되는 것입니다. 도스트예프스키는 이런 말을 했습니다. "인간은 감사할 줄 모르는 두 발 달린 동물이다." 하지만 의학적으로 볼 때 '범사에 감사'를 하면

스트레스가 줄어들면서 '행복 호르몬'인 세로토닌(serotonin) 분비가 증가한다고 합니다. 요나서 2장 9절에서 요나는 "나는 감사하는 목소리로 주께 감사를 드리며 나의 서원을 주께 갚겠나이다 구원은 여호와께 속하였나이다"라고 했습니다.

우리가 감사함으로 아뢰어야 하는 이유는 하나님께서는 모든 것을 합력하여 선을 이루어 주시기 때문입니다. 한약을 보면 그 안에 쓴맛, 신맛, 단맛 여러 종류의 약초들이 들어있습니다. 이것들을 약탕기 안에 집어넣고 오랜 시간 다려지면 그 맛이 서로 어우러져 몸에 좋은 약이 됩니다.

우리 인생도 마찬가지입니다. 하나님께서는 우리의 성숙을 원하십니다. 그러나 단번에 성숙한 인간이 되는 법이 없습니다. 오랜 세월동안 인생의 쓰고, 시고, 단 모든 경험들을 하고 그것들이 어우러질 때 우리는 보다 성숙한 인간이 되어 영화로운 모습으로 하나님 앞에 설 수 있는 것입니다.

숯과 다이아몬드는 똑같은 성분인 탄소입니다. 탄소가 높은 압력을 받으면 다이아몬드로 바뀝니다. 인조 다이아몬드를 만들 때 탄소로 된 숯을 1,700도의 고열로 가열한 뒤에 5만 기압의 무게로 압축시킨다고 합니다. 5만 기압은 도토리만한 물체를 집체만한 쇳덩이로 누르는 것과 같습니다.

이런 극한 상황에서 다이아몬드가 생겨나는 것입니다. 다이아몬드는 극심한 압력의 결과입니다. 그러나 압력이 그보다 적으면 수정이 됩니다. 그보다 더 압력이 적으면 석탄이 됩니다.

우리 인생도 어떻게 연단을 받았느냐에 따라서 그 가치가 달라집니다. 주님 안에서는 의미 없는 고난이 없습니다. 우리는 이와 같은 이 사실을 기억하고 범사에 감사함으로 기도해야 합니다.

마음이 급한 사람들은 기도할 때 "하나님, 빨리 좀 응답해 주십시오. 빨리 주세요"라고 졸라 댑니다. 옳은 기도의 방법은 아닙니다. 그러나 이런 기도도 하지 않는 것보다 낫지만 더 좋은 기도는 감사함으로 기도하는 것입니다.

로마의 대문호인 키케로는 "감사하는 마음은 가장 위대한 덕일 뿐 아니라, 다른 모든 덕의 부모가 된다"라고 말하고 있습니다.

감사하는 마음을 가진 사람은 모든 미덕을 가진 자이고, 양보도 칭찬도 배려도 모두 감사가 기반이 되어야 나오는 것입니다. 항상 감사할 줄 아는 사람은 가장 위대한 미덕을 가진 사람입니다.

필자는 "불행할 때 감사하면 불행이 끝나고, 형통할 때 감사하면 형통함이 연장될 것이다"라는 말을 좋아합니다. 감사는 범사에 유익합니다. 감사는 아무런 조건이 없는 것입니다.

염려에 대한 기도의 효과는 무엇일까요? 바울은 우리에게 감사의 기도를 가르치며 "그리하면 모든 지각에 뛰어난 하나님의 평강이 그리스도 예수 안에서 너희 마음과 생각을 지키시리라"(빌 4:7)고 약속하고 있습니다.

여기서 지킨다는 말은 군대 용어로서 보호한다는 말입니다. 다시 말씀드리면 하나님의 평강이 우리 마음과 생각의 요새가 된다는 것입니다.

서울 주위에는 북쪽과 남쪽에 두 개의 요새가 있습니다. 북한산성과 남한산성입니다. 옛날에 임금이 곤경에 빠질 경우를 대비하여 이 두 요새를 지은 것입니다. 만일 적이 북쪽에서 쳐들어 왔을 때 임금은 남한산성으로 피신을 하였고, 또한 적이 남쪽에서 올 경우는 북한산성으로 갔던 것입니다.

하나님의 평강이 마치 북한산성, 남한산성과 같은 요새가 된다는 것입니다. 우리가 그리스도 안에 있으면 하나님의 평강이 넘치는 것입니다. 하나님의 평강은 우리의 머리에 쓸데없는 생각이 들어오지 못하도록 막아줍니다.

그리스도 안에 거해야 합니다. 그러면 그리스도는 우리의 피난처 되십니다. 그리스도가 없는 생활에는 평화가 없습니다. 그리스도 없는 생활은 쉴 사이 없이 요동하는 바다와 같은 것입니다.

그러나 그리스도 안에 있으면 내적인 참된 평화를 누릴 수 있습니다. 그 평화는 세상에서 얻을 수 없는 것입니다. 하나님의 평강은 모든 염려의 해독제입니다.

우리가 아무리 미래 일을 생각해 보아도 그대로 되지 않습니다. 베드로전서 5장 7절에는 "너희 염려를 다 주께 맡기라 이는 그가 너희를 돌보심이라"고 말씀하고 있습니다.

그러므로 하나님께 맡기라는 것입니다. 그러면 우리 마음과 생각을 지켜주신다는 것입니다. 하나님께서 우리 마음을 지켜주시면 어떻게 될까요?

요한 3서 2절의 말씀과 같이 "네 영혼이 잘됨 같이 네가 범사에 잘되고 강건하기를 간구하노라"고 하신 말씀처럼 하나님께서 일하시는 놀라운 광경을 보게 될 것입니다.

끝으로 필자의 블로그 게시판에 올려놓았던 글을 소개하고 part 1의 '행복이 머무는 마음'을 마치려 합니다.

제목은 '책은 마음을 지켜준다' 입니다. 허균 〈한정록〉 중 〈장업〉에 나오는 말입니다.

장횡거(張橫渠, 송나라 때 학자)가 말했습니다.

"책은 이 마음을 지켜준다. 한때라도 놓아버리면 그 만큼 덕성이 풀어진다.

책을 읽으면 이 마음이 늘 있게 되고, 책을 읽지 않으면 마침내 의리(義理)를 보더라도 보이지 않게 된다."

그렇습니다. 책을 통해 마음을 지켜주는 호심부(護心符)를 알게 하고, 책을 놓으면 마음은 멀리 놀러 가나, 봐도 못보고 들어도 못 듣는 허깨비 인생이 된다는 것입니다. 즉 우리 믿음의 사람들은 성경을 멀리하면 안 된다는 말로 새겨듣습니다.

블러거의 답글 입니다.

"참 공감 가는 말이네요. 저도 자식들을 키워보니 요즘은 책은 도통 읽지 않고 U튜브에 익숙해져 책을 너무 낯설어 하면 독서하라는 부모님 말씀이 아무런 효과가 없네요."

Part 2

행복을 나누는 말

부주의한 말 한마디가 싸움의 불씨가 되고
잔인한 말 한마디가 삶을 파괴한다.
증오의 씨를 뿌리고 쓰디쓴 말 한마디가
무례한 말 한마디가 사랑의 불을 끈다.
은혜로운 말 한마디가 하루를 빛나게 한다.
때에 맞는 말 한마디가 긴장을 풀어주고
사랑의 말 한마디가 축복을 준다.

말에 대한 지식

말 한마디로 사람을 살리기도 하고 죽이기도 합니다.

"말 한마디로 천 냥 빚을 갚는다." "웃자고 한 말이 사람 잡는다"라는 속담이 있듯이 말이 중요합니다. 우리의 말 한마디가 인생의 성공과 실패, "생명과 복과 사망과 화"(신 30:15) 곧 '생사화복'(生死禍福)을 좌우하기도 합니다.

그렇기 때문에 성경은 우리에게 말에 대해서 많은 교훈을 주고 있고, 특별히 야고보 기자는 말에 대해서 중요한 교훈을 하고 있습니다.

야고보서를 보면 "우리가 다 실수가 많으니 만일 말에 실수가 없는 자면 곧 온전한 사람이라 능히 온 몸도 굴레 씌우리라"(약 3:2)고 말씀하고 있습니다.

여기서 '온전하다'라는 말은 죄가 없는 것을 말하는 것이 아님니다. 온전하다는 단어의 헬라어 의미는 '성숙하다, 건강하다.'입니다. 곧 성숙하고 건강한 말을 할 수 있는 사람이 온전하다는 것입니다.

우리가 몸이 아파서 병원에 가면 의사는 가장 먼저 "입을 아 ~ 하고 벌려 보시겠습니까"라고 요청합니다. 의사는 혀를 통해서 사람의 건강 상태를 파악하는 것입니다. 신체적으로 뿐 아니라 영적으로도 마찬가지입니다. 우리들이 하는 말은 곧 우리의 영적 건강 상태, 영적 성숙의 정도를 나타내는 것입니다.

말에 대해 가장 많은 교훈을 하고 있는 성경 잠언을 보면 "죽고 사는 것이 혀의 권세에 달렸나니"(잠 18:21)라고 말씀하고 있습니다. 말 한마디로 사람을 살리기도 하고 죽이기도 합니다.

아마 사람들은 말하는 것이 그렇게 중요하다면 아무 말도 하지 않고 침묵을 지키는 게 최선일 것이라고 생각할 것입니다. 성격상 입이 무거운 사람도 있기는 하지만 대부분의 사람들은 잠시도 입을 다물지 못합니다. 혀를 다스릴 수 있는 사람이라면 그 사람은 온전한 사람입니다.

에베소서 4장 29절에서는 "무릇 더러운 말은 너희 입 밖에도 내지 말고 오직 덕을 세우는 데 소용 되는대로 선한 말을 하여 듣는 자들에게 은혜를 끼치게 하라"고 말씀하고 있습니다.

'말 한마디'라는 시를 소개해 봅니다.

부주의한 말 한마디가 싸움의 불씨가 되고
잔인한 말 한마디가 삶을 파괴한다.
쓰디쓴 말 한마디가 증오의 씨를 뿌리고
무례한 말 한마디가 사랑의 불을 끈다.
은혜로운 말 한마디가 하루를 빛나게 한다.
때에 맞는 말 한마디가 긴장을 풀어주고
사랑의 말 한마디가 축복을 준다.

당신은 혀를 다스릴 수 있습니까? 주변 사람들 중에 그런 사람들이 있습니까? 야고보는 "너희는 선생 된 우리가 더 큰 심판을 받을 줄 알고 선생이 많이 되지 말라"(약 3:1)고 고백하고 있습니다.

인간은 불완전하기 때문에 말에 실수가 많은 것입니다. 누구나 말에 온전한 사람이 없습니다. 우리 모두는 성화의 과정 중에 있고 우리의 갈 길은 아직도 멉니다.

우리는 주님 앞에 가는 그날까지 우리의 마음과 혀를 다스려야만 하는 것입니다. 그러려면 우리는 말에 대한 지식을 가져야 합니다. 많은 경우 지식이 없음으로 인해 문제가 일어납니다. 적어도 무지 때문에 실수하는 일은 없어야 할 것입니다.

요하리의 창문에서 '어두운(dark) 마음의 창문'에 속한 무의식에서 나오는 말들은 나도 예상하지 못하는 가운데 흘러나와 문제를 일으킬 수 있는 말들입니다.

중요한 것은 무의식은 아는 만큼 통제 가능해진다는 사실입니다. 그렇다면 우리는 자신의 언어생활을 점검함으로써 무심코 하게 되는 말들의 영역을 축소시켜 나갈 수 있을 것입니다.

말의 위력

말은 행동을 유발하는 힘이 있습니다.

우리 속담에 '말이 씨가 된다'라는 이야기와 잠언 6장 2절의 말씀인 "네 입의 말로 네가 얽혔으며 네 입의 말로 인하여 잡히게 되었느니라"는 말과 상통함을 볼 수 있습니다.

한번 뿐인 인생입니다. 신나고 가치 있고 보람 있게 살아야 합니다. 그러려면 우리 인생이 말에 달려 있음을 알아야 합니다.

무하마드 알리는 죠 프레이저와의 15회전 경기에서 1천만 달러를 벌어들인 유명한 권투선수였습니다. 그는 경기에 앞서 꼭 명언을 남기곤 했습니다. "나비처럼 날아서 벌처럼 쏜다!" "소련 전차처럼 쳐들어갔다가 프랑스 미꾸라지처럼 빠져 나오겠다." "일본군의 진주만 기습같이 하겠다."

그는 수많은 승리의 월계관을 받았고 나중에 이런 말을 했습니다. "내 승리의 반은 주먹이었고, 반은 말에 있었습니다."

말의 세 가지 힘

말에는 다음과 같은 세 가지의 놀라운 힘이 있습니다.

첫째, 각인력입니다.

어느 대뇌학자는 "뇌세포의 98퍼센트가 말의 지배를 받는다"라고 발표한 적이 있습니다. 프랑스의 유명한 약사이자 자기 암시(Autosuggestion) 요법의 창시자인 에밀 쿠에(Emile Coue)는 환자들에게 "나는 매일 모든 면에서 점점 나아지고 있다" (Day by day, in Everyway, I am getting better and better)라는 말을 반복해서 말하도록 했습니다. 그는 이 '위약(僞藥) 효과'라고 불리는 플라시보 효과를 발전시켜 자기 암시라는 자신만의 암시 요법을 통해서 수많은 사람들의 몸과 마음을 치료했습니다.

나치 독일의 총통 아돌프 히틀러(Adolf Hitler)는 이 원리를 악용한 사람입니다. 그는 감옥에서 반(半) 자서전 겸 나치 사상의 해설서인 『나의 투쟁』이라는 책을 정리하는데 전념했으며, 그 책에서 독일을 점령하게 된 경위를 이렇게 설명했습니다.

"처음 한 번 말하면 사람들은 모두 비웃는다. 두 번째 말하면 사람들은 미친놈이라고 말한다. 세 번째 말하면 저 사람이 왜 저렇게 말하나 하고 듣는다. 네 번째 말하면 사람들이 설득당한다. 다섯 번째 말하면 사람들이 따라온다."

우리는 이 원리를 긍정적으로 사용해야 합니다. 우리는 우리가 전하는 복음과 하나님에 대한 확신이 있어야 합니다. 그러기 위해서는 자신에게 거듭해서 확신에 찬 메시지를 전해야 합니다. 그러면 먼저 우리 안에 확신이 넘쳐나게 되는 것입니다.

둘째, 견인력입니다.

말은 행동을 유발하는 힘이 있습니다. 말하면 뇌에 박히고, 뇌는 신경을 지배하고, 신경은 행동을 지배하기 때문에 우리가 말하는 것이 뇌에 전달되어 우리의 행동을 이끌게 되는 것입니다. '할 수 있다'라고 말하면 할 수 있게 되고, '할 수 없다'라고 말하면 할 수 없게 되는 것입니다. 그래서 언행일치라고 합니다.

성공학의 대가 데일 카네기(Dale Carnegie)는 말하기를, 성공한 사람들은 세 가지 말 곧 '없다', '잃었다', '그 이상은 안 된다'라는 말은 절대로 하지 않았다고 합니다. 당신이 성공하기를 원한다면 항상 적극적인 말, 긍정적인 말, 희망이 담긴 미래지향적인 말을 해야 합니다.

셋째, 성취력입니다.

말은 견인력을 넘어 성취력이 있습니다. 어느 청년이 적극적인 사고방식의 대가 노만 빈센트 필 박사에게 찾아가 물었습니다.

"박사님, 어떻게 하면 세일즈를 잘 할 수 있을까요?"

필 박사는 조그만 카드를 꺼내어 청년에게 주면서 적게 했습니다.

"나는 훌륭한 세일즈맨이다. 나는 세일즈 전문가다. 나는 모든 준비가 되어 있다. 나는 프로다. 나는 내가 만나는 고객을 친구로 만든다. 나는 즉시 행동한다."

필 박사는 청년에게 그 카드를 갖고 다니면서 주문을 외우듯이 계속 반복해서 외우라고 했습니다. 청년은 그 카드를 간직하고 되풀이해서 읽었습니다. 고객을 방문하기 전에는 몇 번씩 되풀이해서 읽으면서 자기 자신에게 다짐했습니다. 이렇게 반복하는 동안 기적이 일어났습니다. 자신에 대한 긍정적인 말이 그 청년을 유능한 세일즈맨으로 바꾸어 버린 것입니다.

세계적인 보험회사를 설립한 클레멘톤 스톤은 집이 가난해서 12살 때부터 일해야 했습니다. 그러나 그는 매일 매일 '나는 건강하다. 나는 행복하다. 나는 부유하다'라고 외쳤습니다. 그는 그의 말대로 건강하고 행복하고 풍요롭게 인생을 살았습니다.

말의 영향력

많은 사람들이 말하는 것을 좋아합니다. 미국 사람들을 대상으로 조사한 한 통계에 의하면 미국 사람은 하루에 30번의 대화를 하고 일생의 5분의 1을 말하는데 사용한다고 합니다. 남자의 경우 하루에 2만 마디의 단어를 말하고, 여자의 경우 하루에 3만 단어를 말한다고 합니다.

이렇게 사람들은 하루하루 수없이 많은 말을 하면서 삽니다. 많은 사람들이 별 생각 없이 말하고 잊어버리지만 말에는 엄청난 영향력이 있습니다. 그런데 사람들은 그 영향력을 인식하지 못하여 아무렇게 함부로 말하고 나서 그 말 때문에 후회하고 곤경에 빠지는 경우가 많습니다.

말의 영향력을 일깨워주는 이야기가 있습니다.

어떤 왕이 병을 얻게 되었습니다. 의사들은 오로지 암사자의 젖만이 왕의 병을 낫게 할 것이라고 했습니다. 그러나 암사자의 젖을 구하는 것이 문제였습니다. 신하들이 고민하고 있을 때 한 사람이 나서서 자기가 구해 오겠다고 했습니다.

그는 새끼 사자 한 마리를 구했습니다. 그리고는 사자 굴로 가서 새끼 사자를 암사자에게 주었습니다. 열흘쯤 지나서 그는 암사자와 꽤나 친숙해졌고 젖을 조금씩 짜낼 수 있었습니다.

왕궁으로 돌아오는 길에 그는 잠깐 잠이 들었습니다. 꿈에 신체 각 부위들이 서로 자기의 공로로 암사자의 젖을 구할 수 있었다고 다투고 있었습니다.

발이 말했습니다.

"만일 내가 없었다면 사자 굴까지 갈 수 있었겠니?"

눈이 주장했습니다.

"만일 내가 없었다면 어떻게 이곳까지 올 수 있었겠니?"

그러자 느닷없이 혀가 한마디 했습니다.

"만약에 내가 없어서 말을 할 수 없다면 너희들은 아무 쓸모가 없었을 거야."

혀의 말을 듣고 다른 신체 부위들은 코웃음을 쳤습니다.

그 사람은 잠에서 깨어나 왕궁으로 갔습니다. 그리고는 암사자의 젖을 왕 앞에 내려놓으며 이렇게 말하는 것이었습니다.

"이것은 개의 젖이옵니다."

혀가 엉뚱하게 말하는 바람에 암사자의 젖은 바닥에 버려지고 그 사람은 매를 흠씬 맞은 후에야 왕궁을 빠져나올 수 있었습니다. 그때서야 혀를 비웃던 신체의 각 부위들은 혀가 얼마나 강력한 존재인가를 알게 되었습니다. 세치 밖에 안 되는 혀가 말입니다.

어느 블로그에 '혀'라는 시(詩)를 보았습니다.

세치 밖에
안되는 혀라도

나를 바꾸고
너를 바꾸고
나라를 바꾼다.

역사는 그렇게 굴러왔다.

그래서 가장 중요한 부분일수록 자제력을 상실하면 더 큰 잘못을 저지르기 마련이기도 합니다. 때론 신중을 기하는 훈련이 필요하다고 봅니다.

안산의 어느 교회 목사님은 성도들이 어떤 일에 대해 질문을 했을 때 바로 대답해 주는 일이 거의 없다고 합니다. 대부분의 대답은 이틀이나 사흘이 지난 뒤에야 답을 해주는 목사님이 있습니다. 그만큼 신중을 기한다는 뜻이 아닐까요?

말과 인생의 방향

야고보서 3장 3절을 보면 "우리가 말들의 입에 재갈 물리는 것은 우리에게 순종하려 하려고 그 온 몸을 제어하는 것이라"고 말씀하고 있습니다.

경주 말(馬)의 무게는 1,000-1,500kg에 달합니다. 그 위에 60-70kg의 기수가 타고 있습니다. 힘으로는 비교가 되지 않습니다. 하지만 기수는 재갈 곧 말의 입에 반듯하게 가로지른 작은 쇳조각으로 능히 부릴 수 있는 것입니다.

이와 마찬가지로 우리의 혀는 우리가 어디로 가기를 원하든지 인생의 방향을 결정할 수 있는 것입니다. 혀는 작아도 우리의 인생행로를 정하여 나아가게 하는 것입니다.

솔로몬의 뒤를 이어 르호보암이 왕이 되자 백성들이 가혹한 통치를 완화시켜 달라고 탄원했습니다. 이때 르호보암은 "내 아버지는 채찍으로 너희를 징계하였으나 나는 전갈 채찍으로 너희를 징계하리라"(왕상 12:11)고 폭언을 했습니다.

이 말 한마디로 다윗의 통일왕국은 남북으로 갈리는 비운을 맞이하게 되었습니다. 혀는 작지만 이처럼 국가의 운명을 좌우할 만큼 위력을 발휘하는 것입니다.

한 소년이 담임교사로부터 호된 꾸지람을 듣고 있었습니다. 미술 시간에 크레파스를 가져오지 않았다는 이유 때문이었습니다. 교사는 충혈 된 눈으로 "도대체 이번이 몇 번째냐"라며 다그쳤습니다.

소년은 어려운 가정 형편을 차마 말할 수 없었습니다. 침묵하는 소년을 향해 담임교사는 머리를 쥐어박으며 "다음부터는 훔쳐서라도 준비물을 가져와!"라고 고함을 쳤습니다.

그로부터 17년이 지난 후 이 소년은 법정에 서게 되었습니다. 지존파의 대부 김기환이라는 이름으로, 그는 이렇게 최후 진술을 했습니다. "초등학교 때 선생님의 한마디가 제 인생을 바꾸어 놓았습니다."

혀는 이처럼 자신 뿐 아니라 다른 사람의 인생길에도 영향력을 미치는 것입니다.

인생의 운전대

필자는 거제도의 한 조선소를 방문하여 유조선을 건조하는 현장을 견학한 일이 있었습니다. 어린아이들이 타고 노는 자그마한 장난감 같은 방향키로 축구장의 몇 배가 되는 배의 방향을 통제할 수 있다는 설명을 들었습니다.

야고보는 계속해서 혀에 대한 비유의 말씀을 하고 있는데 야고보서 3장 4-5절을 보면 "또 배를 보라 그렇게 크고 광풍에 밀려가는 것들을 지극히 작은 키로 사공의 뜻대로 운행하나니 이와 같이 혀도 작은 지체로되 큰 것을 자랑하도다"라고 말씀하고 있습니다.

작은 키가 방향을 잡아 줍니다. 키의 방향에 따라 배가 태평양으로 가기도 하고 대서양으로 가기도 합니다. 우리의 혀도 그와 같은 것입니다. 우리의 말이 우리를 주장하는 것입니다. 우리의 혀가 우리 인생의 운전대인 것입니다.

지금 가고 있는 삶의 방향을 바꾸고, 성공하고 싶다면 우선적으로 해야 할 일이 있습니다. 그것은 먼저 말하는 방식을 바꾸는 것입니다.

어떤 젊은 남녀가 열렬히 사랑을 하다가 마침내 결혼을 하였는데 일년 후 아무런 이유 없이 이혼을 하게 되었습니다. 그 이유를 자세히 조사해보니 남편은 직장에서 돌아오면 기타를 쳤는데 날마다 이별의 곡만 쳤다는 것입니다. 부정적인 말은 부지불식간 부정적인 결과를 가져옵니다.

말의 파괴력

야고보서 3장 5절 하반절을 보면, "보라 어떻게 작은 불이 어떻게 많은 나무를 태우는가"라고 말씀하고 있습니다.

잘 가꾸어진 숲, 키가 크고 아름다운 나무들이 빽빽하게 들어선 숲을 상상해 보십시오. 그리고 그 숲이 작은 성냥불 하나 때문에 순식간에 불타 없어지는 모습을 상상해 보십시오. 산 하나를 불태워 버리는 것은 아주 작은 불꽃으로도 충분합니다.

동해안의 7번 국도를 달리다 보면, 고성과 강릉, 삼척, 울진 등지의 산불로 인해 보기 흉한 민둥산들이 나타남을 볼 수 있습니다. 산불로 나무들이 다 타버려서 그렇습니다. 부주의한 등산객 한 사람 때문에 나라의 숲 전체가 파괴될 수 있고, 수천의 생명이 희생될 수 있는 것입니다.

야고보는 우리의 혀가 이와 같은 파괴력을 가지고 있다고 말합니다. 사람들은 부주의한 말 한마디 때문에 모든 것을 잃어버릴 수 있는 것입니다. 너무나 많은 사람들이 부주의한 말 한마디 때문에 그들의 결혼, 경력, 평판, 명성, 혹은 교회를 파괴시키는 것입니다.

야고보서 3장 6절을 보면, "혀는 곧 불이요 불의의 세계라 혀는 우리 지체 중에서 온 몸을 더럽히고 삶의 수레바퀴를 불

사르나니 그 사르는 것이 지옥 불에서 나느니라"고 말씀하고 있습니다.

예전에 「애틀랜타 저널」이라는 잡지에 모간 블레이크라는 사람이 매우 인상 깊은 기사를 쓴 적이 있었습니다. 그 내용은 우리의 혀가 초래할 수 있는 중상모략의 파괴력에 관하여 시사한 글이었습니다.

"나는 다른 사람에게 치명적인 타격을 가할 수 있는 힘과 기술을 가지고 있다. 나는 사람을 죽이지 않고도 승리할 수 있다. 나는 가정과 교회와 국가를 파괴한다. 나는 수많은 사람의 인생을 파괴한다. 나는 바람의 날개를 타고 여행한다. 아무리 순결한 사람이라도 내게는 무력하며 아무리 정결한 사람도 내게는 무력하다. 나는 진리와 정의와 사랑을 경멸한다. 나는 나의 희생자를 전 역사와 전 세계에 갖고 있다. 나는 바다의 모래보다 더 많은 나의 노예를 거느린다. 나는 결코 망각하지 않으며, 결코 용서하지 않는다. 나의 이름은 중상모략이다."

다른 사람들의 신상에 관하여 이야기하는 것은 그 사람의 인격과 생애에 다시는 회복할 수 없는 큰 상처를 남깁니다. 혀

의 영향력은 이처럼 무서우나 혀가 우리 마음의 종이 되도록
해야 합니다. 혀를 통제하고 온화한 말을 하도록 혀를 다스릴
줄 알아야 합니다.

말은 우리 인생의 방향을 결정해 줄 뿐 아니라 우리가 가지
고 있는 모든 것을 파멸시킬 수 있는 것입니다. 우리의 부주의
한 말 한마디 때문에 가족과 자녀와 지위와 명예를 모두 잃어
버릴 수 있는 것입니다.

그렇기 때문에 야고보는 '우리가 입술을 다스릴 필요가 있
다'라고 하는 것입니다. 우리는 다스려지지 않은 많은 말들이
얼마나 위험한 것인지 깨달아야 합니다.

많은 말

터키에 있는 티우라스(Mount Tauras)의 정상 후미진 골짜
기에는 독수리들이 많이 서식하고 있는 곳으로 알려져 있습
니다.

그런데 그 독수리들에게는 왜가리 새가 가장 좋은 먹이감이
라고 합니다. 왜가리들은 떠들기를 아주 좋아하는 새들로서
특히 날아다닐 때 큰 소리를 냅니다. 이러한 소리는 곧잘 독수
리에게 좋은 신호가 되어 여행 중 소란스럽게 떠들어대는 몇

몇 놈들은 독수리의 밥이 된다고 합니다.

그래서 나이 많고 경험이 풍부한 왜가리들은 그들의 소란스러운 약점을 드러내지 않고 위험을 피하기 위해 여행 전이면 항상 그들의 입에 가득 찰 정도의 크기인 돌을 집어 뭅니다. 이들은 불가피하게 침묵을 유지하게 되어 죽음을 피한다는 것입니다.

말이 많으면 자연히 많은 실수를 하게 됩니다. 그러나 말이 적으면 사람들에게 답답함을 주기는 하지만 실수가 적습니다. 말의 실수가 많은 사람은 차라리 과묵한 편을 택하는 것이 좋을 것입니다.

미국의 제30대 대통령이었던 쿨리지(John Calvin Coolidge)는 워낙 말수가 적어서 사람들은 그를 가리켜 '과묵한 캘'(Silent Cal)이라고 불렀습니다. 쿨리지는 집에 머물면서도 거의 말을 하지 않았습니다.

어느 날 예배를 마치고 교회를 나서는 그에게 한 기자가 물었습니다.

"목사님이 무엇에 관해 설교하셨습니까?"

"죄였습니다."

"죄에 대해서 뭐라고 하던가요?"

"반대한답니다."

쿨리지의 말은 늘 이런 식이었습니다. 한번은 백악관을 관광하려고 줄을 서 있던 여자가 쿨리지 대통령을 보더니 뛰어와서 말했습니다.

"제 남편과 내기를 했는데 각하가 말을 두 마디 넘게 할 것이라는 쪽에 걸었거든요."

쿨리지 대통령은 대답했습니다.

"당신이 졌네요."

말주변이 좋은 사람의 가장 큰 문제는 바로 그 말주변입니다. 우리는 생각을 해야 합니다. 또한 우리는 어느 때 입을 다물어야 할지 알아야 합니다.

미국에서 아주 괴팍한 성격을 가진 여류 문학가가 있었습니다. 남편은 아주 큰 사업가였는데 이 여인은 사람들을 만나지 않고 늘 집안에서 글만 썼습니다. 그녀의 인생에서 유일한 위로는 글 쓰는 것과 하나밖에 없는 아들을 사랑하는 일이었습니다.

그런데 그 귀한 외아들이 고등학교 다닐 때에 친구들과 함께 차를 타고 여행을 하다가 교통사고로 죽고 말았습니다. 그녀는 그 충격으로 더욱 고립되어갔고 깊은 슬픔으로부터 헤어나지 못했습니다.

집안 형편이 부유해서 별별 치료를 다 받아보고 여행도 떠나 보았지만 그녀는 회복되지 않았습니다. 이제 그녀는 글 쓰는 일에도 더 이상 집중할 수 없었습니다.

그런데 어느 한 순간 그 여인의 병이 치료되었습니다. 그 이유는 자기 아들과 같이 자동차를 타고 여행을 하다가 죽은 친구의 어머니를 만났기 때문이었습니다. 평생을 외부세계와 단절하고 살았던 이 괴팍한 여류 문학가가 처음으로 문을 열어서 이웃을 받아들였을 때 그녀는 회복되었습니다.

사람들은 너무나 궁금해서 여인에게 물었습니다.

"그 죽은 친구의 어머니가 무슨 말을 했기에 갑자기 당신이 다시 일어설 수 있었습니까?"

그녀는 이렇게 대답했습니다.

"그분은 아무 말도 하지 않았습니다. 단지 그냥 나를 끌어안고 울더라고요. 나도 같이 울었습니다. 그리고 회복되었습니다."

어느 누구도 마음의 고통 없이 살 수는 없습니다. 마음의 고통을 치유할 수 있는 것은 때로는 고통을 나눌 수 있는 사람들과 어우러져 울고, 웃을 때 하나님의 따스한 손길을 통해 치유될 수 있습니다.

미국의 한 심리학자는 두 곳의 고아원 아이들을 대상으로 실험을 했습니다. 한 고아원은 잘 입히고, 잘 먹인 반면에 보모들이 스킨십을 하지 않은 고아원이고, 한 고아원은 잘 입고, 잘 먹이지는 않지만 보모들을 통해 스킨십을 많이 받은 고아원이었습니다. 두 고아원의 아이들의 건강 상태를 체크해 보았더니 스킨십을 통해 사랑을 받은 아이들이 훨씬 건강하다는 학회의 보고가 있습니다.

필자도 치유 영성수련원을 통한 세미나에서 스킨십을 통해 마음의 치유를 경험하고 평강을 얻을 수 있음을 경험했습니다. 스킨십은 건강을 불러오기도 합니다.

고통 받는 사람들에게 가장 필요한 것은 많은 말보다 그냥 같이 있어 주고 같이 울어 주는 것입니다.

에베소서 5장 4-5절에는 "누추함과 어리석은 말이나 희롱의 말이 마땅치 아니하니 돌이켜 감사하는 말을 하라 음행하는 자나 더러운 자나 탐하는 자 곧 우상 숭배자는 다 그리스도와 하나님 나라에서 기업을 얻지 못하리니"라고 교훈하고 있습니다.

우리는 가끔은 많은 말보다 눈빛으로 바라보는 것만으로도 함께 울어주는 것만으로도 충분하지 않을까 생각해 봅니다. 누군가를 눈빛으로 바라봐 주는 사람이 여러분 곁에 있나요. 없다면 내가 그런 사람이 되어 보는 것은 어떨까요.

많은 말보다 더 값진 것이 침묵이라고도 생각해 봅니다. 필자는 여러해 전 침묵영성수련원을 다녀온 적이 있습니다. 그곳에서 침묵의 가치를 실감합니다. 침묵은 마음을 차분하게 만들어 주며 내면의 세계를 돌아볼 수 있게 합니다. 수련회에 참석한 사람과의 대화도 금지되어 있으며 식사를 할 때도 창문을 바라보며 식사를 하고, 숙소도 1인 1실을 사용하고, 정해진 시간을 제외하고는 절대적 침묵이었습니다. 예수님의 고난의 길을 체험하는 그 시간도 역시 침묵이었습니다.

그렇게 6일을 지내고 일상으로 돌아오니 누구와도 대화를 하고 싶은 생각이 일정 기간 없었습니다. 때로는 '침묵이 금이다'라는 말을 새삼 깨닫는 경험을 해 보았습니다.

혀 다스리기

네 혀를 악에서 금하며 네 입술을 거짓말에서 금하라.

어느 유대인의 한 마을에 세 딸을 가진 아버지가 있었습니다. 그런데 그 세 딸은 각기 한 가지씩 흠을 가지고 있었습니다. 첫째 딸은 몹시 게으르고, 두 번째 딸은 도벽이 있었으며, 막내딸은 남을 헐뜯는 버릇이 있었습니다.

이에 아버지는 이 세 딸들의 결점을 고쳐 주려고 무척 애를 썼지만 모두 허사였습니다. 그래서 그는 생각 끝에 랍비인 힐렐을 찾아갔습니다.

"이제 도저히 제 딸들의 버릇을 고칠 수가 없습니다. 그러하오니 랍비님께서는 저희 딸들을 일 년 동안 맡아서 버릇을 고쳐 주십시오."

그의 간곡한 부탁을 받은 힐렐은 딸들을 맡아 주기로 했습니다. 세 딸을 맡은 힐렐은 즉각적으로 그 딸들의 단점을 고치기 위한 작업에 들어갔습니다.

먼저 그는 큰 딸을 불렀습니다.

"너는 내 집에 있는 한 아무 일도 하지 말도록 하여라. 너를 위해 몸종을 여럿 고용해 놓았으니 너 편한 대로 지내거라."

그리고 둘째 딸을 불렀습니다.

"이 마을에서는 나를 모르는 사람은 없다. 그리고 모두들 나를 신뢰한다. 그러니 너는 네가 가지고 싶은 것이 있거든 무엇이든지 그냥 집어 오도록 해라. 네가 물건들을 그냥 집어온다고 하더라도 아무도 네게 값을 요구하지는 않을 것이다."

마지막으로 그는 막내딸을 불렀습니다.

"매일 저녁 식사 후, 너는 내 방으로 와서 네가 하고 싶은 이야기를 다하도록 하거라. 아무 이야기라도 좋으니 말이다."

그리고는 일 년의 세월이 흘렀습니다. 그 딸들의 아버지는 이제 딸들을 데리러 랍비 힐렐의 집으로 와서 딸들과 마주 앉았습니다.

첫 번째 딸은 얼른 일어나 다과상을 차려온 뒤, 아버지께 말했습니다. "하루 종일 아무 것도 안하고 누워 있기란 정말 고역이에요."

둘째 딸은, "물건은 돈을 지불하는 맛에 산다는 것을 깨달았

어요"라고 하며 수줍은 듯 고개를 숙였습니다.

그러나 막내딸은 아버지의 무릎에 올라앉으며, "아버지! 글쎄 힐렐 랍비의 여자관계가 보통 복잡한 게 아니에요."하며 힐렐을 헐뜯기 시작했습니다.

그제서야 딸의 아버지는 이 세상에서 가장 고치기 어려운 버릇은 남을 헐뜯는 것이라는 사실을 알게 되었습니다.

야고보는 "여러 종류의 짐승과 새와 벌레와 바다의 생물은 다 사람이 길들일 수 있고 길들여 왔거니와 혀는 능히 길들일 사람이 없나니 쉬지 아니하는 악이요 죽이는 독이 가득한 것이라"(약 3:7-8)고 말씀하고 있습니다.

또는 "혀는 뼈가 없지만 뼈를 부셔 트릴 수 있다."라고 '종교 개혁의 새벽별'이라 불리는 존 위클리프(J. Wycliffe)는 말하고 있습니다. 그처럼 혀의 영향력과 파괴력은 엄청난 것입니다.

그래서 시편 기자는 말하기를 "네 혀를 악에서 금하며 네 입술을 거짓말에서 금할지어다"(시 34:13)라고 합니다.

혀에 대한 이야기 중 탈무드에 이런 글이 있습니다.

한 상인이 큰소리를 지르며 거리를 돌아다니고 있습니다.

"인생을 행복하게 하는 비결을 팝니다."

인생을 행복하게 해준다는 말에 많은 사람들이 그에게 몰려 왔습니다. 그들 중에는 랍비도 몇 사람 끼여 있었습니다.

"제발 나에게 그 인생의 비결을 파시요."

사람들은 앞 다투어 상인을 졸라대자, 그는 이렇게 말했습니다.

"사실 팔 것이 없습니다. 참된 인생을 산다는 것은 자신의 혀를 조심해서 쓰는 것뿐입니다."

혀는 우리가 길들일 수 없는 것입니다. 그러면 혀를 다스리기 위해서 어떻게 해야 할까요?

겸손하게 말하기

사람에 따라 자신의 장점이 최대의 약점이 될 수도 있고 반대로 자신의 약점이 최대의 장점이 될 수도 있습니다.

로마 제국 시대 최고의 재담가는 마커스 시세로(M. Cicero)였습니다. 그는 뛰어난 웅변술 덕분에 로마 최초로 국부 칭호를 듣고 집정관의 벼슬에 오르게 되었습니다. 명성이 높아지자 그는 더욱 웅변술에 전력하여 고대 그리스에서 가장 뛰어난 웅변가였던 데모스테네스(Demosthenes)와 쌍벽을 이룰 만큼 높은 경지에 들어섰습니다.

그러나 세세로는 웅변술에 부합할 만큼의 인품을 갖추지 못한 사람이었습니다. 그는 자기의 말재주만 믿고 남의 험담을 서슴지 않았고 자화자찬하는 버릇이 날로 심해져 갔습니다. 결국 그는 말년에 옥타비아누스 황제의 미움을 받아 목이 잘려 죽게 되었습니다.

성경은 "교만은 패망의 선봉이요 거만한 마음은 넘어짐의 앞잡이니라"(잠 16:18)고 말씀하고 있습니다. 우리는 늘 낮은 자세로 겸손하게 말할 줄 알아야 합니다.

윌리엄 캐리(William Carey)는 위대한 선교사이며 우수한 언어학자였습니다. 그는 성경을 인도의 34 가지 방언으로 번역했습니다.

그러나 그가 처음 인도에 선교사로 왔을 때 어떤 이들은 혐오와 경멸의 눈으로 그를 보았습니다. 어느 만찬회 석상에서 거드름을 피우는 한 사람이 캐리를 망신시키려고 큰 소리로 "캐리 씨, 당신은 옛날에 구두 만드는 사람이었다면서요"라고 비웃으며 말했습니다.

그러자 캐리는 오히려 이렇게 대답했습니다.

"아닙니다. 선생님, 저는 구두 만드는 사람이 아니라 구두 수선공이었습니다."

자신은 구두를 만들 줄도 모르는 수선공에 불과했다고 겸손히 대답한 것입니다.

또한 캐리는 소년 시절부터 식물에 대한 관심이 많았으며,

인도 그의 집 정원에는 각 나라의 나무(식물)가 427종이나 심겨져 있습니다.

그는 인도에 '원예농업협회'를 세우는 등 다양한 활동을 하면서 인도에 19개의 선교 기지를 세웠으며 1834년 6월 9일 세상을 떠날 때까지 늘 겸손을 실천한 하나님의 사람이었습니다.

천천히 신중하게 말하기

솔로몬은 "입과 혀를 지키는 자는 자기의 영혼을 환난에서 보존하느니라"(잠 21:23)고 교훈하고 있습니다.

맹자(孟子)는 "세상 사람들이 자기의 말을 쉽게 하는 것은 그 말에 대한 책임감이 없기 때문이다"라고 말했습니다. 내가 하는 말에 대한 책임을 생각하면 결코 쉽게 말을 할 수 없는 것입니다.

탈무드에는 "새장에서 날려 보낸 새는 다시 잡을 수 있지만 입에서 한번 나온 말은 다시 담을 수 없다"라는 교훈하고 있습니다.

그러므로 우리는 말하기 전에 충분히 생각해야 합니다. 옛날 우리 선조들은 "말로써 말이 많으니 말을 말까 하노라"하면서 입을 다물어버리는 것을 현명한 것으로 알아왔습니다. 반드시 말을 해야 할 경우에는 '일언전십사'(一言前十思) 곧 한마디의 말을 하기 전에 열 번 생각하라고 충고했습니다.

어떤 사람은 하나님이 인간에게 귀는 둘씩이나 주시면서 입은 하나를 만들어 주신 것은 들은 것의 반만 말하라는 뜻이라고 해석하고 있습니다.

데이 C. 셰퍼드라는 사람이 쓴 『세 황금 문』이라는 글을 보면 언어생활에 다음과 같은 충고의 말이 나오고 있습니다.

"말하기 전에 세 황금 문을 지나게 하라.
다 좁은 문들이다.
첫째문은 '그것은 참말이야?'
둘째문은 '그것은 필요한 말이냐?' 네 마음속에서 참된 대답을 하라.
마지막이고도 가장 좁은 문은 '그것은 친절한 말이야?' 그 세 문을 지나왔거든 그 말의 결과가 어찌 될 것인가 염려하지 말고 크게 외쳐라."

아쉽게도 오늘의 이 사회의 위기는 상당 부분 잘못된 말에 있습니다. 시편 141:3에는 "여호와여 내 입에 파수꾼을 세우시고 내 입술의 문을 지키소서"라고 말씀하고 있습니다.

진실을 확인하지 않고 말해 이웃을 곤경에 빠뜨리고, 불필요한 말로 실수가 많으며 가깝다는 이유로 거칠고 무례한 말을 내뱉기도 합니다.

야고보서 1장 19절을 보면, "사람마다 듣기는 속히 하고 말하기는 더디하며 성내기도 더디 하라"고 말씀하고 있습니다. 대부분의 사람들은 말하고 성내기는 속히 하고 듣기는 더디 합니다.

그 이유는 무엇일까요? 일반적으로 육체적으로 피로가 쌓여 있거나, 생리적인 현상이거나, 감정적으로 침체되어 있거나 영적으로 메말라 있기 때문입니다.

미국의 정신과 병원에서는 환자의 치료를 위해 환자의 말을 중단시키거나 환자와 다투지 않고 그저 귀를 기울여 주기만 할 사람을 고용합니다. 이것은 무엇을 말하는 것입니까? 그 환자의 집에는 환자의 말을 들어주기 위하여 오랫동안 잠잠히 있을 수 있는 사람이 없다는 것입니다.

우리가 혀를 다스리기 위해서는 야고보가 제시한 순서대로 되어야 합니다. 우선 듣는 것은 빨리 하고, 다음에 말하는 것은 천천히 해야 합니다. 말을 천천히 하게 되면 성내는 것도 더디게 될 것입니다.

기도하고 말하기

오직 하나님만이 우리의 혀를 다스릴 수 있습니다. 그러므로 우리는 혀를 다스리기 위해서는 매일 하나님의 도우심을 구해야 하는 것입니다.

시편 기자는 "여호와여 내 입에 파수꾼을 세우시고 내 입술의 문을 지키소서"(시 141:3)라고 기도했습니다.

우리도 매일 매순간 "하나님, 제 입에 재갈을 물려 주시요. 내 입술을 지켜 주시요. 아무 생각 없이 즉흥적으로 말하고 후회하는 일이 없게 하여 주시요. 남을 판단하지 않게 하여 주시요"라고 도움을 구해야 하는 것입니다.

특히 다른 사람에게 비밀스런 말을 들었을 때 혀를 다스릴 수 있어야 합니다. 남의 비밀을 함부로 말함으로 인해 그 사람을 궁지에 빠뜨리게 하는 일들이 허다합니다. 비록 어떤 사람과 다투었다 할지라도 변론만 하고 남의 은밀한 일은 누설하지 말아야 합니다(잠 25:9).

우리는 하루에도 수백 번 이상의 혀를 놀립니다. 필자는 예전에는 불평과 불만이 가득한 삶을 살았습니다. 어릴 적 부모 형제와 헤어져 시골 외가에서 지냈던 세월을 성인이 되어서도 마음에 분을 품고 살았던 적이 있습니다. '왜 나는!' '왜 나인가' 라는 생각으로 많은 고민에 빠져든 적이 있습니다. 그래서 치유 상담학을 공부하고 그것을 실천하기로 마음먹고 난 후에야 부정적 생각을 긍정적 생각으로 바꾸고 그런 마음이 눈 녹든 녹아내리는 시절을 회상해 봅니다. 하지만 깊숙한 곳에 자리 잡고 있는 그 무언가는 스스로 기도로 다스려가고 있습니다.

마땅하지 않은 말

하나님이 원하시는 말과 원치 아니하시는 말이 있습니다.

잠언 20장 19절을 보면, "두루 다니며 한담(閑談)하는 자는 남의 비밀을 누설하나니 입술을 벌린 자를 사귀지 말지니라"고 말씀하고 있습니다.

말이라고 다 말이 아닙니다. 하나님과 사람 앞에서 마땅하지 않은 말들이 있습니다.

하나님이 원하시는 말과 원하지 아니하시는 말들이 분명히 있습니다. 그러면 우리가 제거해야 할 마땅하지 않은 말에는 어떤 것들이 있을까요?

저주의 말

야고보는 "우리가 주 아버지를 찬송하고 또 이것으로 하나님의 형상대로 지음을 받은 사람을 저주하나니 한 입으로 찬송과 저주가 나는 도다 형제들아 이것이 마땅하지 아니하니라"(약 3:9-10)고 말씀하시며, "샘이 한 구멍으로 어찌 단 물과 쓴 물을 내겠느냐"(약 3:11)라고 말씀하고 있습니다.

금반지는 찌그러져도 여전히 금인 것처럼 사람은 타락했어도 여전히 하나님의 형상대로 지음 받은 존재입니다.

그러므로 우리가 입으로 하나님을 찬양하면서 또 사람을 저주하는 일은 결국 하나님을 높이고 저주하는 것과 마찬가지입니다.

예수님은 "너희를 저주하는 자를 위하여 축복하며 너희를 모욕하는 자를 위하여 기도하라"(눅 6:28)고 말씀하고 있고, 바울도 "너희를 핍박하는 자를 축복하라 축복하고 저주하지 말라"(롬 12:14)고 말씀하고 있습니다.

또한 잠언 24장 28절에는 "너는 까닭 없이 네 이웃을 쳐서 증인이 되지 말며 네 입술로 속이지 말지니라"고 말씀하고 있습니다.

작은 마을의 한 성당에서 사제가 성찬식을 거행하고 있었는데, 성찬식을 돕고 있던 한 소년이 미사 중에 우연히 포도주

그릇을 떨어뜨리고 말았습니다.

그러자 그 사제는 그 소년의 뺨을 철썩 때리며 퉁명스러운 목소리로 이렇게 말했습니다.

"성당을 떠나거라 그리고 돌아오지 마라."

그 소년은 커서 공산주의 지도자가 되었습니다. 그가 바로 유고슬로비아의 티토(Tito)였습니다.

탈무드에 이런 글이 있습니다. 세상의 각종 동물들이 다 모이는 날 이였습니다. 그중 어떤 동물이 뱀에게 물었습니다.

"사자는 사냥감을 쓰러뜨린 다음에 먹고, 이리는 사냥감을 찢어서 먹지! 그런데 뱀, 너는 사냥감을 통째로 꿀꺽 삼키는데 도대체 왜 그렇게 먹는 거니?"

그러자 뱀은 이렇게 대답했습니다.

"뭐 나도 이상하다는 건 인정하지만 나는 남을 헐뜯고 저주하는 인간보다는 낫다고 생각해. 적어도 혓바닥으로 남에게 상처를 주거나 저주의 말 따위는 하지 않으니까 말이야."

그렇습니다. 아무리 우리에게 말할 수 있는 자유가 있다 해도 저주의 말은 절대로 삼가야 합니다. 저주의 말은 독과 같아서 사람을 죽이는 것입니다. 사람들이 깨닫지 못할 뿐이지 사람들은 혀로써 많은 사람을 죽이고 많은 죄를 짓고 있습니다.

항상 자신의 혀를 언제나 부드럽게 간직할 수 있도록 힘쓰도록 해야 합니다.

이중적인 말

사람들은 교회에 와서 하나님을 찬양합니다. 그리고는 밖에 나가 차를 타고는 집으로 가는 도중에 다른 차가 갑자기 끼어들기라도 하면 욕을 합니다. 이처럼 혀는 변덕스러운 것입니다.

하나님은 우리가 한 입으로 축복하다가 저주하는 변덕스러움을 원치 않으십니다. 야고보는 단지 저주를 금하는 것뿐만이 아니라 말의 이중성에 대해서도 경고하고 있습니다.

사람들은 기분 좋을 때는 아이들에게 친절하고 사랑스러운 어투로 말을 하다가도 기분이 나쁘면 아이들을 야단칩니다. 그래서 아이들에게 상처를 주고 아이들의 자존감을 손상시킵니다. 아마 변덕스러운 혀 때문에 고민해보지 않은 사람은 없을 것입니다.

어떤 사람이 자기의 공동체의 관계가 있을 때에는 상대방에 대하여 조건 없이 호위를 베풀고 칭찬합니다. 그러나 자기와 아무런 관계가 없어지자 상대방에게 험담을 하며 흉을 봅니다. 그리고 다른 사람과 새롭게 친밀 관계를 맺는 경우를 볼 수 있습니다.

그러한 이중적 성격을 가진 사람은 결코 신앙적으로 성숙한 크리스천이라고 말할 수 없을 것입니다.

비난의 말

많은 사람들이 존경해 마지않는 링컨 대통령도 젊은 시절에는 비난을 즐겼습니다. 그는 누가 조금만 잘못했다 싶으면 신랄하게 비난했습니다. 비난을 쓴 편지를 보내기도 하고 신문에 투고하는 것도 서슴지 않았습니다. 그는 다른 사람의 잘못된 점을 지적하면서 일종의 쾌감을 느꼈습니다.

어느 날, 링컨은 그 당시 명성이 자자했던 제임스 쉘즈를 비난하는 글을 썼습니다. 제임스 쉘즈는 화가 머리끝까지 치밀어 링컨에게 결투를 신청했습니다.

"너 같은 놈은 내가 그냥 안 놔두겠다. 자! 당당히 결투하자."

링컨은 결투를 하고 싶지 않았으나 그것을 피할 수 없었습니다. 자신의 명예가 걸려 있는 문제였기 때문이었습니다. 링컨은 웨스트포인트 졸업생에게 개인 교습을 받았습니다.

드디어 결전의 날, 미시시피 강가에서 링컨과 쉘즈는 결투를 막 시작하려고 했습니다. 그 순간, 두 사람의 재능을 아깝게 생각한 몇몇 입회인들이 화해를 권했습니다. 서로에게 칼을 겨누고 있던 두 사람은 가까스로 화해했습니다. 그 후 링컨은 남을 비난하는 일을 거의하지 않았습니다.

링컨 대통령이 가장 좋아했던 성경 구절 중의 하나는 취임식 때 사용했던 "비판을 받지 아니하려거든 비판하지 말라."마 7:1라는 말씀이었습니다.

링컨은 자신에 대한 자신에 대한 가혹한 비판에 대해 조용히 귀를 기울여 들었고, 자기가 대통령보다 낫다고 생각하는 충고자들의 말을 들었습니다.

남북 전쟁이 한창일 때 부인이 남군에 대해서 심하게 말을 하자 링컨은 이렇게 대꾸했습니다.

"메리, 그들을 심판하지 말아요. 우리도 같은 상황이었다면 그들과 같이 행동했을 거요."

많은 사람들이 남의 말 하는 것보다 더 가치 있는 할 만한 일이 없기 때문에 험담하는데 빠지는 것을 보게 됩니다.

험담하는 것을 치료하는 제일 좋은 방법 중의 하나는 성경을 읽고, 기도하고, 전도하는 등 건설적인 일을 하는데 너무 바빠져서 도무지 다른 사람의 개인적인 일을 걱정할 시간이 없도록 만드는 것입니다.

남들에 대해서 좋은 말을 하지 못하는 원인은 그 사람의 마음에 문제가 있기 때문입니다. 아마도 건전한 자기 신뢰와 자신감이 결여되어 있기 때문일 것입니다.

성경은 "형제들아 무슨 범죄 한 일이 드러나거든 신령한 너희는 온유한 심령으로 그러한 자를 바로잡고 네 자신을 돌아보아 너도 시험을 받을까 두려워하라"(갈 6:1)고 말씀하고 있습니다.

남을 비난하는 습관을 가진 사람은 다른 사람을 향한 예리한 안목을 자신을 돌아보는데 사용해야 합니다. 그리고 험담하는 사람의 삶이 얼마나 비참하게 되는지 알 필요가 있습니다.

한 교회에 성경 지식이 매우 풍부한 여신자가 있었습니다. 그녀는 성경에 대한 공부도 많이 하였고 신학적인 수업도 받은 사람이어서 성경 지식에 대해서는 그 교회 내에서 타의 추종을 불허했습니다.

그런데 그녀에게는 못된 버릇이 하나 있었습니다. 그것은 다른 사람이 잘못을 범할 때마다 성경적인 근거들을 제시하며 남을 정죄하는 것이었습니다.

그러나 그녀의 그 같은 행위가 성도들에게 덕이 되기는커녕 많은 사람들이 마음에 상처를 입고 교회를 떠나곤 하였습니다. 이에 고심한 목사님은 그녀에게 잘못을 알게 해 줄 방법으로 다음과 같은 편지를 썼습니다.

"우리는 남의 보잘것없는 작은 잘못에도 비난을 퍼부으면서 우리가 저지른 큰 잘못에는 핑계를 댑니다. 우리는 고가로 판매하기를 원하면서 남은 염가로 매입하기를 원합니다. 타인에게는 정의를 요구하면서도 우리 자신에게는 자비를 베풀어 주기를 원합니다. 우리가 한 말은 너그럽게 들어 주기를 원하면서 타인이 한 말에는 세세한 비평을 가합니다.

우리 눈에 잘 못 보인 사람은 무슨 일을 하든 마땅하지 않게 생각하는 반면에 잘 보인 사람은 무슨 일을 하든 귀엽게 보아 줍니다. 우리의 권리는 철저하게 주장하지만 타인은 우리에게 적당히 주장하기를 원합니다. 타인에게 베푼 것은 굉장히 크고 많은 것 같이 보이지만 우리에게 베푼 것은 아무 것도 아닌 것같이 봅니다."

- 프란치스코 디 살레시오로부터 -

목사님은 이 편지를 받아 본 여신도에게 변화가 있기를 바랐습니다. 그러나 그 편지를 받아서 읽은 그 여신도는 목사님의 기대와는 달리 편지의 내용이 자신을 꾸짖는 말이라고 생각하고는 목사가 정죄한다며 도리어 퍼붓는 것이었습니다.

그 일로 인해 그녀는 교회에서 가장 똑똑하고 경건한 사람으로 부상할 수 있었습니다. 그러나 그와 더불어 그녀는 다정한 말 한마디 건네줄 친구 하나 없는 비운을 동시에 맞게 되었습니다.

부정적인 말

성경은 "네 입의 말로 네가 얽혔으며 네 입의 말로 인하여 잡히게 되었느니라"(잠 6:2)고 말씀하고 있으며, 잠언 13장 3절에는 "입을 지키는 자는 자기의 생명을 보존하나 입술을 크게 벌리는 자에게는 멸망이 오느니라"고 말씀하고 있습니다. 우리의 말이 우리의 환경과 운명을 좌우합니다.

오래 전에 있었던 어떤 신혼부부의 불행한 이야기입니다. 어느 날 신랑이 밥을 먹다가 돌 한 알을 씹게 되었습니다. 신랑은 대뜸 "손은 두었다 무엇에다 쓰는 거야"하면서 나무랐습니다. 신부는 미안하다는 말 대신에 "그럴 수도 있는 일이지 그것을 가지고 화를 내느냐"라고 대꾸를 했습니다.

여기서 끝났으면 되었을 텐데 신랑은 더욱 큰 목소리로 "잘 못 했으면 사과나 할 일이지 어찌 말대꾸를 하느냐"라고 고함을 쳤습니다. 신부는 입을 삐죽이며 "남자가 쫀쫀하기는"이라고 말했습니다.

이 한마디가 신랑의 마음에 불을 질렀는지 자기도 모르는 사이에 아내의 뺨을 쳤습니다. 급습을 당한 아내가 눈물을 흘리면서 "더러워 못 살겠다"라고 대들었습니다. 젊은 신랑은 먹던 숟가락을 놓고 "잘못했으면 가만이나 있을 것이지 어디다 말대꾸냐"라고 발로 찼습니다.

드디어 아내는 "당신 같은 사람과는 못 살겠다"라며 문밖으로 나갔습니다. 남편은 "못 살겠으면 나가 죽으라"고 하며 아내의 뒤에서 소리를 치니까 "죽으라면 못 죽을 줄 아느냐"라며 앞마당에 있는 우물 속으로 몸을 던져 죽었습니다.

극단적인 이야기지만 죽으라는 부정적인 말로 아내를 잃고 말았습니다. 부정적인 말 한마디가 얼마나 오랫동안 마음에 상처를 주는지 모릅니다. 파괴적인 부정적인 말은 언제나 불행한 환경을 만듭니다.

헛된 다툼에 대해 말씀하기를 "너희 중에 싸움이 어디로부터 다툼이 어디로부터 나느냐 너희 지체 중에서 싸우는 정욕으로부터 나는 것이 아니냐"(약 4:1)라고 기록하고 있습니다.

이와 같이 야고보는 무엇보다도 혀가 지니고 있는 엄청난 파급 효과를 강조하면서 "혀를 제어하라"고 훈계하고 있습니다.

아름다운 말

사랑의 마음을 가지고 선하고 아름다운 말을 해야 합니다.

성경 잠언을 보면 "의인의 입은 생명의 샘이라"(잠 10:11)고 말씀하고 있습니다. 우리의 입이 생명의 샘인지 아니면 재잘 거리는 개울인지, 우리가 하는 말들이 어떤 말인지 돌아보아 야 합니다.

리로이 코프만이 쓴 『아름다운 혀』라는 책을 보면, 이런 연 구 결과가 있습니다. 미국의 어떤 대학에서 불경스런 말에 관 해 연구했는데 대학생들은 매 14분마다 점잖지 않은 말을 쓰 는 것으로 나타났습니다. 어른들은 매 10분마다 나쁜 말을 한 마디씩 한다고 합니다.

사람들은 공기오염, 수질오염, 환경오염에 대해서는 많은 걱정을 하지만 건전한 말의 오염에 대해서는 걱정을 하지 않습니다. 그러나 예수님은 "입으로 들어가는 것이 사람을 더럽게 하는 것이 아니라 입에서 나오는 그것이 사람을 더럽게 하는 것이니라"(마 15:11)고 말씀하고 있습니다.

하나님은 의로운 사람을 위해서가 아니라 죄인들을 구원하기 위해서 예수님을 이 땅에 보내셨습니다. 우리 눈에 아무리 못나 보이는 사람, 죄 많은 사람도 하나님에게는 사랑의 대상입니다.

그들도 하나님의 형상을 가지고 있고, 예수님께서 그들을 위해서 십자가에서 죽으셨습니다. 하나님은 죄는 미워하시지만 죄인은 사랑하십니다. 사랑하는 사람에게 함부로 말을 하는 사람은 아무도 없습니다. 우리는 사랑의 마음을 가지고 누구에게나 선하고 아름다운 말을 해야 합니다.

절제된 말

현명한 사람은 자신의 지성을 감추고, 어리석은 사람은 자신의 어리석음을 들어냅니다. 말을 잘하는 사람보다 열심히 경청하는 사람이 존경을 받습니다. 듣기를 잘하는 사람은 조용히 자신의 지성을 드러내며, 항상 떠들썩하게 자기주장을 하는 사람은 어리석음을 나타내고 있는 것입니다.

"보물과 같은 자기의 혀를 소중히 다루어야 한다"라고 탈무드는 경계하고 있습니다.

어떤 술 취한 사람이 술집을 나오다가 마침 그곳을 지나가던 목사와 부딪쳐 그를 넘어지게 했습니다. 그러자 술 취한 사람은 "오! 목사님. 이런 꼴을 보여드려서 미안합니다"라고 말했습니다.

"샘, 자네가 왜 나한테만 미안해하는지 모르겠군. 주님께서도 지금 자네의 이런 모양을 보고 계신다네. 안 그런가?"

그러자 술 취한 사람이 대답했습니다.

"그렇지요, 목사님. 그렇지만 그분은 당신처럼 그렇게 입이 가볍지는 않거든요."

성경은 "죽고 사는 것이 혀의 권세에 달렸나니 혀를 쓰기 좋아하는 자는 그 열매를 먹으리라"(잠 18:21)고 말씀하고 있습니다. 말은 사람의 생사를 결정할 정도로 권세가 있습니다. 그러므로 하나님의 말씀을 사용하는 그리스도인의 말은 절제 되어야 합니다.

그리스도인은 허망한 말(욥 16:3), 과격한 말(잠 15:1), 더러운 말(엡 4:29), 희롱하는 말(엡 5:4), 비판하는 말(마 7:1), 완악한 말(유1:15) 등을 해서는 안 됩니다.

잠언에는 "말을 아끼는 자는 지식이 있고 성품이 냉철한 자는 명철하니라 미련한 자라도 잠잠하면 지혜로운 자로 여겨지고 그의 입술을 닫으면 슬기로운 자로 여겨지느니라"(잠 17: 27-28)고 말씀하고 있습니다.

내가 하려는 말이 하나님 앞에서 죄가 되는 것은 아닌지, 상대방에게 상처를 주거나 해를 끼치는 말은 아닌지 항상 점검하면서 말을 해야 합니다.

진실한 말

종말의 심판에 대해서 말씀하고 있는 요한계시록을 보면, "그러나 두려워하는 자들과 믿지 아니하는 자들과 흉악한 자들과 살인자들과 행음자들과 술객들과 우상 숭배자들과 모든 거짓말하는 자들은 불과 유황으로 타는 못에 참예하리니 이것이 둘째 사망이라"(계 21:8)고 했습니다.

여기에는 지옥에 떨어질 자들이 구체적으로 여덟 종류로 언급되고 있습니다.

두려워하는 자들은 비겁한 자들로서 핍박의 어려움 속에서 믿음을 저버린 자들을 가리킵니다. 믿지 아니하는 자들은 불신자를 가리킵니다. 흉악한 자들은 사탄을 따르는 우상숭배자들이나 그로써 더러워진 자들입니다. 그 외에 살인자들, 행음

자들, 술객들, 우상숭배자들, 거짓말하는 자들입니다.

하나님도 거룩하시고, 예수님도 거룩하시고, 성령님도 거룩하십니다. 우리가 거룩하신 하나님과 함께 하기 위해서는 거룩해야 합니다.

어머니가 아들을 사랑하기는 하지만 아이가 더러운 곳에 넘어져 몸을 더럽히고 얼굴을 더럽혔으면 물로써 깨끗이 씻어준 후에야 안아주고 접근하지 않습니까? 하나님은 우리를 사랑하시지만 우리 마음이 더럽고 거룩하지 못하면 물리치시는 것입니다.

어떤 사람이 가정에서 개 한 마리를 길렀습니다. 이 개는 매우 영리하고 유순하고 잘 뛰어노는 까닭에 주인이 퍽 사랑하고 개도 주인을 만날 때마다 뛰어나와 반기곤 했습니다.

하루는 이 개가 길가에서 어린 아이의 대변을 먹다가 주인을 보고는 달려와서 가까이하려고 할 때 주인은 그 개를 용납지 않고 발로 차버렸습니다. 왜 그랬습니까? 그 입이 더럽기 때문이었습니다.

세상 사람에게는 거짓말도 생활의 한 방법이 된다고 생각할는지 모르나 말에 대한 심판이 있음을 아는 그리스도인은 진실한 말만 해야 합니다.

예수님은 사실이면 '예', 아니면 '아니오'라고만 말하라고 하셨습니다(마 5:37). 곧 '예'와 '아니오'를 분명히 하라는 것입니다. 이것은 말의 허위성을 금하신 것입니다.

우리는 남이 믿어주지 않으면 맹세하며, 과장하면서 증명하고 싶은 마음을 갖게 됩니다. 예수님은 그렇게 하지 말라는 것입니다. 그 마음을 억누르고 단순하게 '옳다, 아니다'라고만 말하라는 것입니다. 이것은 또한 타협하지 말라는 것입니다.

미국의 제22대, 제24대 대통령을 지낸 클리블랜드(Grover Cleveland)는 임기 중 낮은 관세율, 튼튼한 금융구조 그리고 시민 서비스 개혁을 추진하는데 힘을 기울였습니다. 클리블랜드가 의회의 권한 남용을 근절하기 위한 투쟁에 가장 강력한 무기로 사용한 것은 거부권 행사였습니다.

일찌감치 '거부권 시장'으로, '거부권 주지사'로 알려져 있던 그는 '거부권 대통령'이 되었습니다. 첫 번째 임기만 해도 그는 거부권을 무려 300번 이상이나 발동했습니다. 조지 워싱턴에서부터 채스터 아서에 이르기까지 21명의 전직 대통령들이 모두 합쳐서 132번의 거부권을 행사한 것에 비하면 확연히 비교가 됩니다. 클리블랜드는 타협하지 않고 아닌 것에 대해서는 '아니오'라고 말할 줄 알았습니다.

우리는 종종 '예'와 '아니오'를 분명히 해야 할 상황에 직면합니다. '예' 해야 할 때 '아니오' 한다든가 또는 '아니오' 해야 할 때 '예' 한다고 했을 때 반드시 후회와 수치스러움이 다가오는 것입니다.

또한 바울은 "그런즉 거짓을 버리고 각각 그 이웃과 더불어 참된 것을 말하라 이는 우리가 서로 지체가 됨이니라"(엡 4:25)고 했습니다. 그리스도인은 진실한 말만 해야 합니다. 진실 된 말이 아니라면 차라리 침묵하는 것이 낫습니다.

적절한 말

잠언을 보면 "경우에 합당한 말은 아로새긴 은쟁반에 금 사과니라"(잠 25:11)고 말씀하고 있습니다. 이는 충고하는 자가 상대방에게 말할 때에 여러 가지 상황을 고려하여 이야기해야 할 것을 가르치는 것입니다.

경우에 합당한 말은 누구나 수긍하고 받아들이게 됩니다. 그것은 마치 은쟁반에 금 사과와 같이 보기에 아름다운 것입니다.

우리는 상대방의 입장에 서서 상대방을 돕는 목적으로 슬기롭게 책망할 수 있는 자들이 되어야 합니다. 그래야 충고를 받는 사람이 올바르게 받아들이게 되는 것입니다.

충고하는 사람이 사랑의 동기에서 말하는지 아닌지는 듣는 사람이 아는 것입니다. 사랑의 동기가 아니면 충고할 생각을 하지 말아야 합니다.

그렇지 못해서 상대방을 능욕하는 태도로 말하거나 성급하게 말하거나 예의 없이 말하는 경우 아무런 효과를 얻을 수 없고 서로 간에 관계만 나빠지게 되는 것입니다.

명심보감에 '부불언자지덕 자불담부지과'(父不言子之德 子不談父之過)라는 말이 있습니다. '아버지는 아들의 덕을 말하지 말고, 아들은 아버지의 허물을 말하지 말라'는 뜻입니다.

옛적에는 "자식 자랑은 반병신이요 아내 자랑은 온 병신이다"라고 하면서 할 말과 하지 않을 말을 가렸으나 요즈음은 오히려 PR시대라고하면서 자기의 자식도 자랑하고, 아내도 자랑합니다.

부모의 허물에 대해서는 예나 지금이나 큰 차이가 없이 잘 말하지 않는 듯합니다. 부모에게 잘못이 있으면 홀로 계신 틈을 타서 대화를 통해 지혜롭게 말씀드리는 방법이 옳지 않을까 생각해 봅니다.

감사의 말

어떻게 보면 일상생활 가운데 감사해야 할 말들이 가장 많음에도 불구하고 감사하지 못하며 지나치는 경우를 많이 볼 수 있습니다.

바울은 "누추함과 어리석은 말이나 희롱의 말이 마땅치 아니하니 돌이켜 감사하는 말을 하라"(엡 5:4)고 말씀하고 있습니다.

어느 여 성도가 퇴근하고 돌아온 남편에게 "내 친구는 결혼 생활 10년인데 아직 집을 마련하지 못하고 고생하고 있는데 우리는 당신 덕분에 이렇게 내 집에서 편히 살고 있으니 참 고마워요"라고 감사의 말을 했습니다.

그랬더니 남편이 "모두 당신이 살림을 알뜰하게 한 덕분이지"라고 아내에게 감사하는 말을 했습니다. 서로 감사하는 말로 그 부부는 더욱 행복감을 느꼈다고 합니다.

어느 날 군대에서의 이야기입니다. 그날은 저녁으로 돈가스가 나오는 날이었습니다. 모두 식당에서 줄을 서서 기다리는데 앞에서 웅성거리는 소리가 났습니다. 무슨 일인가 하고 보니 돈가스를 한 사람당 두 개씩 나누어 준다는 것이었습니다.

병사들이 그렇게 좋아할 수 없었습니다. 그런데 소스가 없다고 했습니다. 부식병이 보급을 받을 때 돈가스 한 상자와 소스 한 상자를 가져온다는 것이 실수로 돈가스 두 상자를 가져온 것이었습니다. 병사들이 불평했습니다. "소스도 없이 어떻게 돈가스를 먹으란 말이야?"

그때 한 고참병이 말했습니다. "야! 우리들은 불평할 필요가 없다. 분명히 지금 어느 부대 애들은 소스만 두 개 먹고 있을 거야."

같은 사건을 두고 불평을 하는 사람은 언제나 불평을 하고, 감사하는 사람은 언제나 감사합니다. 불평하는 것도 습관이고, 감사하는 것도 습관입니다.

유대인의 랍비는 이와 같이 감사에 대해 말합니다.

"모든 경우에 감사의 말을 합니다. 왕을 만날 때나, 떠오르는 해를 볼 때에도 모두 한마디씩 감사의 말을 합니다. 심지어 화장실에 갈 때도 감사의 말을 합니다."

"사람의 몸은 뼈와 살과 그 밖의 여러 부분으로 이루어져 있습니다. 그런데 몸 안에서 닫아야 할 것은 닫아야 하고, 열어야 할 것은 열어야 합니다. 그것이 반대로 되면 곤란하지요. 그래서 화장실에 갈 때마다 '열어야 할 것은 열어 두시고, 닫아야 할 것은 닫아 주시니 감사합니다'라고 말입니다." 감사라는 말을 많이 한다고 해고 해가되지 않을 것입니다. 시편 136편에는 감사라는 말이 무려 26번이나 기록되어져 있습니다. 입술에서 감사가 끊이지 않는 삶이되었으면 하는 마음입니다.

긍정의 말

이중표 목사님이 두 번째 부임한 시골 교회에서 있었던 일입니다. 이 교회는 목회자 때문에 오랫동안 성도들과 갈등으로 편안한 날이 없었고 나쁜 교회로 소문이 나 있었습니다. 과연 소문대로 교회당은 사탄이 춤추는 것처럼 어수선했습니다. 밤마다 찾아온 교인들은 서로를 나쁘다는 말로 악평하고 목사를 자기편으로 유인하는 세뇌작전이 치열했습니다.

어린 종은 성전에 엎디어 이렇게 부르짖었습니다. "주여, 이토록 어려운 교회에 평화를 주소서." 기도할 때 "하나님이 지으신 모든 것을 보시니 보시기에 심히 좋았더라"(창 1:31)는 말씀이 떠오르면서 감동이 왔습니다.

다음 주일에 '좋으신 하나님'이라는 제목으로 말씀을 전기로 결심했습니다. 주일 날, "하나님은 성령을 통하여 우리 마음 가운데 좋다는 언어를 주시며 사탄은 나쁘다는 말을 준다. 누구든지 형제를 악평하고 나쁘다고 비난하는 것은 사탄의 역사니 이런 사람들이 오거든 '사탄아 물러가라'고 하면서 상대하지 말라"고 말씀을 선포했습니다.

그 이후로 형제를 악평하러 오는 발걸음이 그쳤고, 나쁘다는 말이 자취를 감추면서 교회는 계속 좋아졌고, 좋은 일만 일어나게 되었습니다. 좋다는 말을 사용한 지 3개월 만에 교인들은 서로 화목하게 되었습니다.

칭찬의 말

어느 조사에 의하면 직장인들이 상사로부터 가장 듣고 싶어
하는 말은 "수고했어!", "정말 잘했어!"라는 칭찬의 말입니다.
너나없이 사람들은 칭찬을 그리워합니다.

영국의 찰스 스펄전 목사는 설교를 마치면 약점과 문제점을
적었다가 고쳐 나가기로 아내와 상의했다고 합니다. 처음 몇
번은 생각대로 잘 되었지만 어느 순간부터 아내가 두려워지기
시작했답니다. '오늘은 또 무엇을 지적할까?' 설교를 더 잘하
는 것이 아니라 차츰 용기를 잃어간 것입니다.

남편 목사가 자신감을 잃어가는 것을 안타깝게 여긴 아내는
기도원에 가서 기도를 했습니다. 기도원에서 얼마나 은혜를
받았는지 주일 설교를 들으며 '아멘'이 터져 나왔습니다.

남편이 설교를 마치고 "여보, 오늘도 잘못한 것 많았지"라고
하자 아내는 뜻밖에도 "설교를 얼마나 잘 하시는지 은혜 받았
습니다"라고 대답했습니다. 그 후로부터 자신감을 얻은 스펄
전 목사는 위대한 설교자가 되었다고 합니다.

일반적으로 사람은 칭찬하면 할수록 더욱 더 잘하는 동기를

부여받습니다. 사람은 칭찬을 받을 때 성장하고 발전하는 것입니다. 칭찬은 고래도 춤추게 한다고 하지 않습니까? 누군가 좀 부족한 듯 보일 수 있습니다. 그러나 그를 믿어주고 칭찬해 주면 그는 실제로 그렇게 되는 것입니다.

미국에서 유명한 지휘자와 유명한 성악가가 결혼을 해서 많은 사람들의 부러움을 샀습니다. 사람들은 아주 이상적인 커플이라고 생각했습니다. 특히 아내인 성악가는 유명한 지휘자인 남편으로 인해 크게 성공하리라고 기대했습니다.

그러나 사람들의 생각과는 달리 이들 부부는 불행했습니다. 일류 지휘자인 남편은 아내에게 이것 고쳐라, 저것 고쳐라 했고, 아내가 노래를 부르기만 하면 날카로운 지적으로 부족한 점을 꼬집었습니다.

남편의 지적에 아내는 노래를 부를 용기를 잃어버렸습니다. 자신감을 잃어버렸습니다. 결국에 가서는 성악가의 길을 포기하고 말았습니다. 그리고 얼마 안 되어 이들은 이혼을 하고 말았습니다.

성악을 했던 여자는 다음번 남편으로 사업가를 택했습니다. 사업을 하는 남편은 음악에 대해서 아는 것이 별로 없었습니다. 아내가 연습 삼아 부르는 노래에도 칭찬을 아끼지 아니했고, 어쩌다 제대로 된 노래를 부르면 감격스러워 했습니다.

남편은 날마다 아내를 칭찬했습니다. 음악에 대해서 무지한 남편의 성화로 아내는 무대에 서게 되었습니다. 그러자 신문에는 옛날에 유명한 성악가 아무개가 재기를 했다며 대서특필을 했습니다. 이후 그 여자는 성악가로서 재기할 수 있었습니다.

어느 여인이 상담자를 찾아가서 말했습니다.

"세상에서 가장 지독한 방법으로 남편에게 상처를 주고 싶습니다. 제게 그 방법을 알려 주시겠어요?"

상담가가 대답했습니다.

"먼저 남편을 무조건 많이 칭찬하는 것으로 시작하세요. 남편이 당신에게 사랑을 받고 있다고 느낄 때 이혼 수속을 시작하세요. 그러면 남편은 가장 큰 상처를 받게 될 겁니다."

그 여인은 두 달 만에 상담자를 다시 찾아와 그의 충고대로 행동했다고 보고했습니다. 상담자는 "좋습니다. 이제 이혼 수속을 밟을 차례입니다"라고 말했습니다. 그러자 여인은 이혼을 거절했습니다. 그 여인은 남편과 다시 사랑에 빠졌던 것입니다.

그 여인이 남편을 칭찬하는 것으로 사랑을 표현하자 남편은 아내에게 사랑받고 있다는 느낌을 갖게 되고 아내에게 사랑을 표현하기 시작했던 것입니다.

잠언 27장 21절을 보면 "도가니로 은을, 풀무로 금을, 칭찬으로 사람을 단련하느니라"고 말씀하고 있습니다.

마크 트웨인(Mark Twain)은 "나는 한번 칭찬 받으면 두 달간을 잘 지낼 수 있다"라고 말했습니다. 그렇다면 일년에 여섯 번만 칭찬하면 일년 동안 행복할 수 있다는 것이 됩니다. 그만큼 칭찬을 아끼지 말고 살라는 이야기가 아니겠습니까?

지혜의 문학을 쓴 솔로몬은 '죽고 사는 것이 혀의 권세에 달렸다'라고 했습니다. 많은 부분들은 말의 위력을 잘 알아차리지 못하고 지냅니다. 솔로몬은 또한 "근심이 사람의 마음에 있으면 그것으로 번뇌하게 되나 선한 말은 그것을 즐겁게 하느니라"(잠 12:25)고 했습니다.

칭찬하는 말이나 감사의 표현은 사랑을 잘 전달하는 힘이 있는 것입니다.

격려의 말

격려(激勵)는 칭찬과는 다릅니다. 국어 사전적인 격려의 뜻은 '남에게 용기나 의욕을 자아내도록 힘차게 북돋아 준다.'입니다.

칭찬은 잘 했을 때나 성공했을 때 주어지지만, 격려는 오히려 실패해서 넘어졌을 때 주어집니다. 격려는 있는 그대로 상대방을 인정해 주는 것입니다.

또한 격려란 상대방의 존재나 수고를 인정할 때 가능합니다. 그리고 격려의 인사말은 그 공동체를 훈훈하고 정겹게 해줍니다.

격려야말로 그 사람의 따뜻한 마음의 표현입니다. '수고하셨습니다.' '잘 하셨습니다'라는 이 한마디 표현 때문에 자신도 흐뭇하고 상대방도 기분이 좋아지는 것입니다. 그리고 용기를 얻게 되는 것입니다.

한 어린아이가 밤하늘을 바라보고 있었습니다. 아버지가 "무엇을 바라보고 있느냐"라고 묻자 "달을 바라보고 있어요."라고 대답했습니다. 아버지는 "왜 그렇게 달을 바라보고 있느냐"라고 다시 묻자 아들은 "아빠, 언젠가 꼭 저 달나라에 가보고 싶어요"라고 대답했습니다.

아버지는 달나라에 가겠다는 아들의 말에 코웃음이 났지만 어린 아들을 격려하기 위해 "그래, 넌 할 수 있을 거야. 하나님은 뭐든지 하실 수 있으니까 네가 기도하면 너는 아마 하고도 남을 거다"라고 웃으며 말해 주었습니다.

그리고 30년 후, 그 어린아이는 정말로 달나라에 갈 수 있었습니다. 그 아이가 바로 최초로 달에 착륙한 제임스 어윈입니다. 그가 달나라에 다녀와서 남긴 한마디의 말이 전 세계를 감동시켰습니다.

"내가 달나라에 도착하자마자 맨 처음 느낀 것은 하나님의 창조하심과 그분의 영광스러운 임재였습니다."

허황된 것처럼 보이던 한 어린아이의 꿈을 기적과 같이 현실로 바꿔 준 것은 바로 아버지의 격려의 말 한마디였습니다. 말은 꿈을 현실로 만들기도 하고, 실패를 성공으로 바꾸기도 하고, 가난을 부유함으로 역전시키기도 합니다.

잠언을 보면 "선한 말은 꿀송이 같아서 마음에 달고 뼈에 양약이 되느니라"(잠 16:24)고 말씀하고 있습니다. 선한 말은 곧 격려의 말입니다. 값비싼 보약보다 더 효과가 있는 것이 격려입니다.

격려에는 놀라운 능력이 있습니다. 격려는 죽어가는 사람을 살리고 절망 중에 있는 사람에게 소망을 심어주고 지친 사람에게 쉼을 줍니다. 격려는 비전 없는 사람에게 비전을 갖게 하기도 합니다.

격려를 통해서 인생이 바뀐 사람들의 예는 너무나도 많습니다. 격려를 강조하고자 하는 마음에 몇 가지 사례를 더 소개하고자 합니다.

맥아더(Douglas MacArthur) 장군은 어린 시절에 말할 수 없는 개구쟁이였습니다. 말썽을 피우고 사고치고 아이들을 데리고 다니며 골목대장 노릇을 했습니다. 그런 모습을 보며 사람들은 그의 장래를 염려했습니다.

그러나 할머니는 "너는 군인의 기질을 타고났다"라고 말했습니다. 그 말 한마디에 맥아더는 눈이 확 뜨였다고 후일에 고백했습니다. 그래서 그는 결국 위대한 군인이 될 수 있었습니다. 격려 한마디가 사람의 삶을 바꾸어 놓습니다.

빌리 그레이엄(Billy Graham)은 20세기가 낳은 세계적인 부흥사입니다. 그는 어려서부터 동네 사람들의 눈살을 찌푸리게 하는 골칫덩어리였습니다. 사람들은 "저 아이가 커서 뭐가 되겠는가"하고 머리를 흔들었습니다.

그렇지만 그의 할머니만은 달랐습니다. 개구쟁이 손자의 머리를 쓰다듬으면서 "너는 말을 잘하고 사람을 끄는 재주가 있어. 개성만 살리면 크게 될 게야"라고 말했습니다. 그 말 한마디가 그의 인생을 바꾸어 놓았습니다.

세계적인 기업의 경영자인 GE(General Electric)의 대표 잭 웰치는 어릴 때 말을 더듬었습니다. 한번은 식당에서 Tuna Sandwich 참치 샌드위치를 주문할 때 "Tu…Tuna Sandwich"라고 말을 더듬어서 샌드위치를 두 개나 먹은 적이 있다고 합니다.

그러나 그가 그런 이야기를 어머니에게 할 때마다 그의 어머니는 머리를 쓰다듬어 주시면서 이렇게 말했다고 합니다.

"잭, 괜찮아! 너는 머리가 굉장히 좋은 사람이야. 그런데 입이 네 머리의 회전 속도를 못 따라가서 말을 더듬는 것이란다. 그러니 염려할 필요가 없어!"

생각하기에 따라서 잭 웰치는 말을 더듬는 모자란 아이로 평가될 수 있었습니다. 그랬더라면 그는 별 볼 일 없는 삶을 살수도 있었습니다. 하지만 어머니의 현명하고 생각 있는 말에 잭 웰치는 자신감을 얻게 되었고 세계적인 경영자가 될 수 있었습니다.

잭 웰치는 자신이 경영에서 탁월한 능력을 발휘할 수 있었던 이유 중 하나는 자신감이라고 합니다. 그 자신감은 생각 있는 어머니가 심어준 것이었습니다.

레오나르도 다빈치(Leonarrdo da Vinci)는 인류 역사상 가장 뛰어난 업적을 남긴 사람 가운데 하나입니다. 그것도 특정한 분야에서만이 아니라 여러 분야에서 고루 재능을 발휘했다는 점에서 팔방미인이요 천재라고 할 수 있습니다.

그의 그림 '모나리자'는 밀레의 '만종'과 함께 세계 미술사를 빛낸 걸작품으로 인정받고 있으며 또한 그가 스케치한 비행기 모형도는 인류가 하늘을 나는데 결정적인 아이디어를 제공했습니다. 그리고 그는 그 당시의 천동설을 뒤집고 지구가 태양을 중심으로 돌고 있다는 지동설을 주장한 천문학자이기도 합니다.

여기에 더불어 그는 인체의 비밀을 밝혀내기 위해 연구에 몰두한 의학자였고, 과감한 실험 정신으로 새로운 물건을 만들어낸 발명가였습니다.

그가 스케치한 자전거 모형도는 현대인들이 타고 다니는 자전거와 거의 비슷할 정도로 페달과 그 체인 모양까지 갖추고 있고 치밀하게 계산된 잠수함 설계도는 수많은 해양 학자들에게 큰 영향을 끼쳤습니다.

하지만 이런 다빈치도 어렸을 때는 고아라는 이유로 주위 사람들에게 따돌림을 받는 소극적인 아이에 불과했습니다. 그래서 그는 집 밖에 나가는 것조차 싫어했고, 다른 사람들 앞에서는 엉뚱한 실수를 저지르는 힘없는 아이였습니다.

그러나 그를 키웠던 할머니는 다빈치가 집을 나설 때마다 귀에다 대고 이렇게 속삭여주었다고 합니다. "너는 무엇이든지 할 수 있어. 할머니는 너를 믿는다."

할머니는 숨을 거두는 날까지 그 말을 하루도 거른 적이 없었다고 합니다.

나뭇잎에 앉은 한 방울의 빗방울이 "나는 너무 작아, 아무 것도 아니야"라고 읊조릴지도 모릅니다. 그러나 어디선가 그

것이 떨어져 주기를 기다리는 목마른 꽃잎이 있습니다.

"나 같은 사람이 다른 사람들에게 무슨 도움이 될까"라고 입을 다무는 사람들이 있을지 모릅니다. 그러나 실패의 자리에서 상처받은 마음을 부둥켜안고 위로와 격려의 말 한마디를 목마르게 기다리는 사람이 있습니다.

그에게 당신의 따뜻한 격려의 말 한마디는 소중한 선물이 될 것입니다. 살아가면서 해야 할 말이 많겠지만 격려의 말이 그 어떤 말보다 우선시되어야 합니다.

하지만 표현 방법이 중요합니다. 격려해도 그것이 격려가 되지 못하는 경우가 있기 때문입니다.

게리 채프먼(Gary Chapman)의 『다섯 가지 사랑의 언어』를 보면, "남편은 격려의 말을 듣기 원한다. 아내는 말없이 맛있는 저녁 식사를 준비함으로써 남편을 격려한다. 그래서 남편은 우울해 하고, 아내는 영문을 모른다"라고 했습니다.

각자 자기의 방식으로 표현했기 때문입니다. 그래서 선한 동기를 가진 부부 사이에도 문제가 생기는 것입니다. 그러므로 서로가 사용하는 사랑의 말을 알아야 합니다. 그래야 오해의 소지가 없으며 '저 사람은 원래 말투가 그렇지'라고 이해할 수 있는 것입니다. 이해의 폭이 넓으면 싸울 일이 없을 것입니다.

친절한 말

바울은 "내가 사람의 방언과 천사의 말을 할지라도 사랑이 없으면 소리 나는 구리와 울리는 꽹과리가 되고"(고전 13:1)라고 했습니다.

꽹과리(Cymbal)라고 하는 심벌즈는 오케스트라에 쓰이는 타악기입니다. 그러나 교향곡을 연주하는 동안 내내 끊임없이 그것을 울려댄다면 어떻게 되겠습니까?

불쾌, 억지, 기계적, 냉담, 불성실, 반발적인 꽹과리 소리와 같습니다. 그런 말을 들으면 누구나 마음에 상처를 입게 되고, 반발심을 갖게 됩니다.

이 시대의 많은 사람들은 냉랭하고 무관심하며 불친절한 말에 익숙해 있습니다. 어떤 사람들은 친절을 여성스런 약자의 무기이거나, 하나의 장신구 또는 사치품 정도로 생각하고 있습니다.

그러나 위대한 황제 철학자 마르쿠스 아우렐리우스는 "분노의 발작에 끌려 다니는 자가 사나이다운 사람이 아니라 친절과 상냥스러운 마음을 가지고 있는 사람이 바로 사나이다운 사람이다"라고 말했습니다.

친절은 행복을 창조하는 작은 사랑의 실천입니다. 그리스도의 사랑을 받았기에 사랑을 실천해야 하는 그리스도인은 모범

적으로 항상 쾌활하고, 자연스럽게, 친근하고, 성의 있게, 관심을 끄는 목소리로 사람들을 대해야 합니다.

우리가 무엇을 주어야만 대접하는 것이 아닙니다. 친절하게 말하는 것은 상대방을 위한 배려요, 그 사람을 크게 대접하는 일입니다.

러시아의 문호 톨스토이(Tolstoi)는 친절의 효용에 대해서 "엉킨 것을 풀어주고 비난을 해결하며 어려운 것은 수월하게 하고 암담한 것은 즐거움으로 바꿔 세상을 아름답게 한다"라고 했습니다.

삶의 윤활유와 같은 친절은 각박한 세상에서 위력이 큰 경쟁력입니다. 그 위력을 아는 기업이나 영업을 하는 사람들은 손님을 확보하기 위해 최대한의 친절과 서비스를 앞세우고 있습니다. 어느 회사는 아침마다 '친절이 경쟁력'이라고 세 번 외치고 일과를 시작한다고 합니다.

어느 창법 컨설턴트의 '부자 점포 만들기'라는 글을 보니까 사람들은 일단 구색 좋고 편리한 점포를 찾고, 그 다음에 생각하는 것이 과연 어느 점포가 나에게 친절하게 해 주느냐를 비교한다고 합니다.

그저 싸다고만 외친다고 해서 손님이 몰리는 것은 아니라고 합니다. 그러므로 만약 점포를 운영하고 있다면 구색 좋고 편

리성이 장점인데도 고객이 없을 경우 접객 태도의 불친절을
점검해 볼 필요가 있습니다.

　미국의 제26대 대통령이었던 시어도어 루스벨트(Theodore
Roosevelt)가 유명해진 비결은 그가 하인들일지라도 마음으로
사랑하여 친절하게 대한데 있었습니다. 그의 하인 중의 하나
였던 흑인 아모쓰가 쓴 『하인의 숭배자, 루스벨트』의 전기에
이러한 사실이 적혀 있습니다.

　"한번은 내 아내가 대통령에게 부표(浮漂)가 어떤 것인가를
　물었더니 그는 자세히 설명하여 주었습니다. 그 후 얼마를
　지냈습니다. 우리 집 초인종이 울렸습니다. 내 아내가 나가
　보니 대통령이 찾아오셔서 부표를 가지고 왔으니 한번 보는
　것이 좋겠다고 하며 친히 한번 보라고 했습니다. 말하자면
　그의 성격은 그와 같이 세밀한 데까지 유의하시는 분이십니
　다. 언제나 그는 우리 집 앞을 지나실 때마다 우리가 보이든
　지 안 보이든지 우리들의 이름을 큰 소리로 부르시면서 다
　정히 인사를 했습니다."

　이렇게 친절한 사람을 좋아하지 않을 사람이 어디 있겠습니
까? 친절은 마음을 포착(捕捉)합니다. 자석처럼 사람의 마음

을 끌어당깁니다. 사람의 마음을 얻으려면 친절하게 대해야
합니다.

노(老) 신사가 길가는 한 부인을 멈춰 서게 한 후 "용서 하시
요. 감사드릴 것이 있어요"라고 말했습니다. 무슨 일인지 알지
못한 젊은 부인은 "예? 감사라니요"하면서 어리둥절해졌습니
다. 그러자 할아버지는 자초지종을 말해주었습니다.

"예! 나는 승차표를 거두는 사람인데 부인께서 언제나 내 앞
을 지나갈 때면 기쁨에 찬 미소를 띠우며 인사를 해주었지요.
흐린 날이나 맑은 날이나 언제든지 늘 웃는 낯으로 인사하셨
지요. 그때마다 나는 늘 생각에 잠기곤 했어요. 무엇이 저분으
로 하여금 저렇게 늘 기쁘게 할까!

그러기를 거듭하던 어느 날 아침, 역시 나를 보고 웃으며 지
나가는 부인의 손에 작은 성경책이 들려 있는 것을 보게 되었
지요. 그때 나는 나 자신에게 '응, 저 책이 그에게 그러한 기쁨
을 주게 하는 것인가 보다'라고 말하고는 곧 가서 성경책을 샀
어요.

나는 그것을 읽고 구주되신 예수를 찾게 되었어요. 그리고
나도 부인처럼 웃음을 갖게 되었어요. 그래서 감사하는 것이
지요."

우리도 만나는 사람들이 누구든지 그를 항상 친절하게 대한

다면 그의 마음이 열려 예수님을 보다 쉽게 전할 수 있을 것입니다.

침묵의 말

요즘 인터넷상에서 악성 루머와 댓글들이 홍수처럼 넘쳐나고 있습니다. 이로 인해 연예인들이 심한 마음고생을 하고 있고, 유명 연예인의 자살 사건이 일어나 충격을 주기도 했습니다.

'기부 천사'라 일컫는 모 탤런트의 기부 행위에 극단적인 발언으로 딴죽을 건 사람이 있다는 기사를 읽은 적이 있습니다. 한마디로 마음이 슬픕니다.

명심보감에 '시비종일유 불청자연무'(是非終日有 不聽自然無)라는 말이 있습니다. '시비가 종일 있어도 듣지 않으면 자연히 없어진다'라는 뜻입니다. 까닭 없는 말다툼은 간여(干與)하지 말고 방관하면 자연히 사라집니다. 허공에 붙은 불이라면 곁에 화목이 없으므로 저절로 소멸될 것입니다.

성경에서도 "까닭 없는 저주는 참새의 떠도는 것과 제비의 날아가는 것 같이 이르지 아니 하느니라"(잠 26:2)라고 말씀하고 있습니다.

어떤 수도사에게 여인이 찾아와 "남편과의 다툼 때문에 살수가 없다"라고 하소연을 했습니다. 수도사는 물이 담긴 병을 하나 주면서 "남편과 다투기 직전 이 물 한 모금을 입안에 물고 삼키지 말라"라고 했습니다.

여인은 남편이 시비를 걸때마다 그렇게 했습니다. 그러자 가정이 조용해지고 부부가 화목하게 됐습니다. 후에 여인이 수도사를 찾아 '신기한 물'이라고 감탄하자 수도사가 말했습니다. "그 물은 평범한 물입니다. 다만 침묵이 신비로울 뿐입니다."

사람들이 별 뜻 없이 내 뱉는 말에 신경을 곤두세우며 반응할 필요가 없습니다. 우리는 침묵할 수 있는 힘과 능력을 길러야 합니다. 침묵은 어떤 경우 가장 강력한 언어라고 할 수 있습니다. 침묵은 내적인 힘을 지닌 자만이 보일 수 있는 절제된 모습입니다.

예수님은 빌라도 법정에서 대제사장들에게 여러 가지로 고소를 당했습니다. 그러나 아무 말씀도 하지 않으셨습니다. 그러자 오히려 빌라도가 "저희가 얼마나 많은 것으로 너를 고소하는가 보라"고 했습니다.

빌라도는 예수님의 변명을 기다렸습니다. 그러나 예수님은 아무 말씀도 하지 않으셨습니다. 유대인의 재판 자리에서 침묵하셨던 예수님은 로마인의 재판 자리에서도 고요히 침묵하셨습니다. 예수님의 침묵은 가장 웅변적인 대답이었습니다. 예수님은 마치 도수장으로 끌려가는 어린양과 털 깎는 자 앞에 잠잠한 양같이 그 입을 열지 아니하셨습니다(사 53:7).

예수님의 침묵은 묵비권을 행사하는 것이 아니었습니다. 겟세마네 동산에서 기도하면서 이미 죽기로 각오하셨기 때문에 변명할 필요가 없었던 것입니다.

대개 마음이 불안하면 많은 말을 하게 됩니다. 성경은 말이 많으면 우매자(愚昧者, 어리석고 사리에 어두운 자)라고 말씀하고 있습니다. 말이 많으면 그만큼 실수가 많기 때문입니다. 침묵은 마음이 평화로울 때 가능합니다. 예수님의 침묵이 바로 그런 침묵이었습니다. 예수님의 침묵은 위대한 신념과 마음의 평화를 보여주는 것이었습니다.

법정에서는 살아남기 위해서 많은 변명을 하는 것이 일반적입니다. 더구나 변명할 수 있는 기회를 주었음에도 불구하고 마음의 평정을 잃지 않고 침묵하는 예수님의 모습은 빌라도에게는 기이하기만 했습니다. 우리는 예수님의 침묵을 배워야 합니다.

삶이 곧 말이기 때문에, 특히 영업을 하는 사람이라면 하루 종일 많은 말을 하게 됩니다. 누구라도 평소에는 침묵하기 어렵습니다. 영성 훈련과 침묵 훈련에서도 묵상과 침묵은 자신을 돌아보고 마음으로 전해지는 하나님의 음성을 들을 수 있는 소중한 시간입니다.

이러한 침묵 훈련 속에서 나의 영이 새롭게 되며 새 힘을 얻을 수 있음이 감사일뿐입니다.

고대의 철학자 피타고라스(Pythagoras)는 말하기를, "침묵하라 그렇지 않으면 침묵보다 나은 말을 하라"고 했습니다. 시냇물은 요란하지만 강물은 잔잔히 흘러가고 깊은 바다는 말이 없습니다. 생각이 깊은 마음은 말이 없습니다.

물론 필요할 때에는 충분히 자기의 의견을 주장하고 표현도 해야 합니다. 그러나 이야기를 하는 것보다 침묵하는 것을 익히는 일이 더 어렵습니다.

그래서 "침묵하는 지성인의 입은 황금의 갑옷이다"라고 말하고 있습니다.

"침묵이 창조하는 것은 무엇인가?"라는 글을 소개 합니다.

듣고자 하는 여유가 생긴다.
관찰할 자유를 준다.
생각할 시간적 여유를 준다.
느낄 수 있는 공간을 공급해 준다.
우리의 깨달음을 넓게 해 준다.

평화의 입구를 열어 준다.

우리의 한계와 하나님의 광대하심을 알도록 우리를 초청한다.

솔로몬의 잠언에는 "미련한 자라도 잠잠하면 지혜로운 자로 여겨지고 그의 입술을 닫으면 슬기로운 자로 여겨지느니라" (잠 17:8)고 말씀하십니다.

말의 영향력

긍정적인 말은 고통과 통증을 완화시킨다.

워싱턴대의 키스 A. 더튼(Dutton. K. A.)과 조나단 D. 브라운(Brown. J. D.) 연구진이 실시한 실험을 소개합니다. 실험 참가자들에게 새 단어를 보여 준 다음 이 단어들을 유추해 네 번째 단어가 무엇인지 맞혀 보게 하는 실험이었습니다.

그 전에 참가자들에게 자신이 얼마나 많은 문제를 풀 수 있을지, 다른 참가자와 비교해 자신의 능력은 어떨지 등 설문조사를 했습니다.

그 결과 자기 평가가 높은 사람일수록 쉽게 기가 죽지 않는 걸 알아냈습니다. 정확하게 말하면 자기 평가가 높은 사람일수록 정답을 맞혔을 때 '내가 능력이 있으니까'라고 생각하고, 정답을 맞히지 못 했을 때는 '문제가 나랑 잘 맞지 않아서'라고 생각하며 자신의 능력을 탓하지 않는 것입니다. 한편 자기 평가가 낮은 사람은 오답을 냈을 때 '난 능력이 없으니까'라고 생각하며 기가 죽는 경향을 보였습니다. 즉 주어진 능력은 차지하고 있는 '나는 할 수 있어'라고 말하는 낙관적인 사람은 매사를 긍정적으로 생각한다는 이야기입니다.

서던마크대의 헨리크 비아크 벡터(Vaegter. H. B.) 연구진이 2020년 5월에 발표한 연구에는 긍정적인 말은 고통이나 힘든 일에 강한 내성을 갖게 해준다는 연구 결과가 나왔습니다. 이 실험은 참가자들을 세 그룹으로 나누어 진행했습니다.

긍정적인 말로 실험 내용을 설명하는 A그룹
부정적인 말로 실험 내용을 설명하는 B그룹
중립적인 말로 실험 내용을 설명하는 C그룹

실험을 하기 전에는 참가자들에게 스쿼트처럼 근육을 쓰는 운동을 하게 **했습니다.** 그 결과 A그룹은 대퇴근의 내성이 22% 향상된 반면, B 그룹은 내성이 4% 떨어진 데다 심한 근육통도 생겼습니다. 부정적인 말은 마음을 약하게 만들뿐 아니라 몸과 통증 감각에도 영향을 미치는 것입니다.

긍정적인 사고나 표현이 생각만큼 잘 되지 않더라도 최소한 부정적인 언어는 쓰지 않도록 노력해야 합니다. '난 못해', '나 같은 게 뭐라고'라는 자학적인 말 대신 가능한 긍정적인 표현과 긍정적인 사고로 바꿔나가야 할 것입니다.

즉 '못 해'가 '할 수 있어'라는 긍정의 힘을 믿고 나가야 하지 않을까 합니다.

말의 진실

조금은 전체적 분위기와 다른 이야기지만 톰 행크스 주연의 〈포레스트 검프〉의 한 장면 속에 숨어 있는 말의 위력을 발견합니다.

베트남 전쟁에서 명예훈장을 받고 돌아온 포레스트 검프가 얼떨결에 반전 집회에 참석해서 발언을 하는데, 검프가 무슨 말을 할지 몰라 불안해하던 경찰 간부가 마이크 플러그를 뽑아버립니다.

그가 무슨 말을 했는지 아무도 모르는 장면 역시, 당시 사회적 분위기나 검열을 상징하는 장면으로 받아들이기도 합니다. 미국 최고 등급 훈장인 명예훈장까지 받은 군인이 하는 연설이 반전주의자들에게 얼마나 힘을 실어줄지를 두려워하여 마이크 회선을 뽑아 버린 사람이 경찰 간부였다는 점을 보면, 포레스트 검프가 전쟁의 현실에 대해 말했으면 했지 반전을 비판하는 내용을 얘기했으리라고 짐작하는 것은 비약이라고 볼 수 있습니다.

연설의 내용은 후에 배우였던 톰 행크스가 언급하였는데, 버바의 유언은 '집에 가고 싶어'였고 포레스트는 평생 그 말을 잊을 수 없다며 이렇게 말합니다. '제 친구 버바는 새우잡이 배 선장이 되고 싶었는데, 베트남 한 강가에서 죽었어요' 하고 연설을 내려왔다고 합니다.

실로 단순한 말이지만 조금만 생각해보면 친구가 꿈을 못 이루고 전쟁 통에 죽었다는 건 반전주의자들이 충분히 힘을 얻을 수 있는 발언이기도 합니다. 그리고 무엇보다도 검프는 본의 아니게 반전주의자들에게 전쟁을 멈춰야할 명분을 주는데, 그것은 바로 '사랑하는 사람과 떨어져 전쟁터로 떠났다가 돌아온 청년의 모습'을 검프가 보여줬기 때문입니다.

진실과 거짓말

속이는 자는 속게 됩니다.

죄와 한 짝인 거짓

옛날 유대인들의 전설 중에 이런 이야기가 있습니다. 노아가 홍수 전 동물들을 배에 넣고 있을 때 거짓이 도마뱀으로 가장하고 배에 들어가려고 했으나 모두 짝을 지어서 들어오라고 해서 그 도마뱀은 죄를 그의 짝으로 해서 방주에 들어갔다고 합니다.

그 후 거짓과 죄는 항상 한 짝이 되었습니다. 그래서 지금도 거짓이 있는 곳에 항상 죄가 있고, 죄가 있는 곳에는 거짓이 있는 것입니다. 사람들은 죄를 싫어하면서도 거짓말하는 것은 별로 꺼리지 않습니다(출 20:16).

다시 주워 담을 수 없는 거짓말

어떤 사람이 목사님에게 와서 자복하기를 "제가 아무에게 대하여 무슨 일이 있는 것으로 여러 사람에게 말을 했는데 알고보니 그것이 거짓말이었습니다"라고 하는 것이었습니다.

그때에 목사님은 그 사람의 호주머니에 닭털을 가득히 넣어주면서 "거짓말을 옮긴 집집마다 대문간에 이 닭털 하나씩을 놓고 오시오"라고 했습니다.

그는 시키는 대로 했습니다. 그러자 목사님은 빈 주머니를 주면서 이번에는 흩어놓은 닭털을 다시 주워오라고 했습니다. 그는 말하기를 "오늘 아침 바람이 불어서 다 나아갔는데 어디서 주워옵니까"라고 반문했습니다.

목사님은 "말이라는 것은 한 번 뱉은 다음에는 다시 주워 담을 수 없는 것입니다. 그러니 앞으로 말을 조심하시오"라고 말했습니다.

잠언 10장 11절을 보면, "의인의 입은 생명의 샘이라"고 말씀하고 있습니다. 우리의 입이 생명의 샘인지 아니면 재잘거리는 개울인지, 우리가 하는 말들이 어떤 말인지 돌아보아야 합니다.

리로이 코프만이 쓴 『아름다운 혀』라는 책을 보면, 이런 연구 결과가 있습니다. 미국의 어떤 대학에서 불경스런 말에 관해 연구했는데 대학생들은 매 14분마다 점잖지 않은 말을 쓰는 것으로 나타났습니다. 어른들은 매 10분마다 나쁜 말을 한마디씩 한다고 합니다.

오래전에 교육과학부에서 전국 초중고생 1,200여명을 대상으로 조사한 결과 73퍼센트가 매일 한번 이상 거짓말을 한다고 합니다. 또한 10명 중 7명은 욕을 달고 살고, 거짓말을 하지 않는 청소년은 20명 중 1명뿐이라고 합니다.

사람들은 공기 오염, 수질 오염, 환경오염에 대해서는 많은 걱정을 하지만 건전한 말의 오염에 대해서는 걱정을 하지 않습니다. 그러나 예수님은 "입으로 들어가는 것이 사람을 더럽게 하는 것이 아니라 입에서 나오는 그것이 사람을 더럽게 하는 것이니라"(마 15:11)고 말씀하고 있습니다.

거짓말에 대한 성경적 견해

거짓말을 하지 말아야 합니다. 그러나 절대로 해서는 안 된다고 단정하는 것은 또 다른 위험을 가져옵니다. 그렇다고 해서 선의의 거짓말의 영역을 넓혀서도 안 됩니다. 우리는 선의의 거짓말조차도 거부하였던 전통 위에 서 있습니다.

어떤 경우에는 거짓말을 해도 된다는 것을 허용하기 시작하면 제9계명을 지키기 매우 어려워집니다. 선의의 거짓말도 극단적인 상황에서만 허용되어야 합니다. 가능한 경우는 매우 제한되어 있어야 합니다. 가령 전쟁이나 나의 생명과 이웃의 생명의 문제일 경우나 매우 극단적인 필요의 상황일 때만 허용되어야 합니다.

제9계명을 지키기 위해서 우리는 어떤 희생이라도 치를 각오가 되어 있어야 합니다. 그만큼 살인하지 말라는 계명과 동일한 무게를 가진 계명이기 때문입니다.

거짓말은 사회적인 범죄요, 자신과 이웃을 죽이는 범죄입니다. 그러나 우리가 항상 진실만을 이야기해야 한다고 단정해서는 안 됩니다. 정치인이 항상 진실만을 이야기해야 한다면 그것은 매우 위험한 일이 될 수도 있습니다.

마찬가지로 인간관계에서 항상 진실만을 이야기해야 한다면 진리는 바로 설지 모르지만 덕을 세우지 못하고, 반대로 사람을 죽게 만들 수도 있다는 것을 염두에 두어야 합니다. 하나님의 뜻은 아무에게도 거짓증언을 하지 말고 다른 사람의 말을 왜곡하지 말며 잡담이나 비방하지 말고 정당한 이유 없이 또는 사연을 들어보지도 않고 함부로 남을 정죄하지 말라는 것입니다.

그리고 법정이나 다른 곳에서 거짓말이나 모든 위증을 거부해야 합니다. 그러한 일들은 마귀가 사용하는 수단이며 하나님의 무서운 진노를 초래합니다. 오직 진리를 사랑하고 진실을 말하며 그것을 공적으로 인정해야 합니다.

신앙인의 삶에 있어서 올바른 언어생활은 대단히 중요합니다. 무심코 내뱉은 말 한마디 때문에 다른 사람에게 상처를 주고 죽게 할 수도 있다는 사실을 잊지 말아야 합니다.

우리는 어떤 말을 하기에 앞서서 다음과 같은 세 가지 질문을 스스로 해보고 이 질문을 모두 통과한다면 그것을 입 밖으로 내어도 좋을 것입니다.

첫째, 이 말은 과연 사실인가? 둘째, 이 말을 과연 다른 사람에게 하는 것이 유익한가? 셋째, 그래도 이 말을 꼭 해야 할 필요가 있을까?

이제 part2의 '행복을 나누는 말'을 마무리 하면서 '거짓말이 된 양치기 소년의 외침'의 우화(寓話) 한편을 소개합니다.

이것은 이솝우화 중 가장 유명한 것이며 또한 그럴 만한 이유와 가치가 충분히 있는 이야기입니다.

옛날 옛날에, 마을에서 조금 떨어진 곳에서 양떼를 치던 소년이 살고 있었습니다. 어느 날 그 소년은 사람들을 속이면 참 재미 잇을 거라는 생각을 했습니다. 그래서 그 소년은 마을을 향해 달려가 온 힘을 다해 외쳤습니다.

"늑대가 나타났다! 도와주세요. 늑대가 양떼 있는 곳까지

와 있어요!"

친절한 마을 사람들은 일을 멈추고 소년을 도와주기 위해 달려왔습니다. 그러나 마을 사람들이 도착했을 때 소년은 그들의 헛수고에 대해 비웃었습니다. 늑대는 그림자조차도 없었기 때문입니다.

그리고 몇 일후 양치기 소년은 또 '늑대야'를 외쳤습니다. 동내 사람들은 전과 같이 달려왔지만 거짓임을 알았습니다.

그러던 어느 날, 진짜 늑대가 나타나 양 우리에 있는 양들을 죽이기 시작했습니다.

너무 놀란 소년은 달려가 도움을 청했습니다.

'늑대가 나타났어요.'

그는 비명을 질렀습니다.

'늑대가 나타났어요! 도와주세요.'

마을 사람들은 소년이 소리 지르는 것을 들었지만 분명히 또 속임수를 쓰고 있을 거라고 생각했습니다. 그래서 아무도 귀를 기울이지 않았고, 한 사람도 소년에게 달려가지 않았습니다. 결국 소년은 양떼를 모두 잃고 말았습니다.

이것이 재미삼아 거짓말을 하는 이에게 들려주는 결과인 것입니다. 즉 그들이 진실을 말할 때에도 아무도 그들의 말을 믿어주지 않는다는 말에 교훈으로 받습니다.

에필로그

새 마음, 새 언어

마음을 준비한다는 것은 악한 편견을 버린다는 뜻이기도 합니다. 그것은 마음의 서판(書板, tablet) 위에 무엇인가를 쓰려고 준비하기 전에 먼저 먼지를 털어내는 것이기도 합니다.

오늘날 사람들은 내면적 가치보다 외적인 모양을 중시하는 풍조로 인해 외모에 대단한 관심을 기울이고 있습니다. 얼굴 한두 군데 고치는 일은 이제 당연한 일처럼 되어버렸습니다.

하지만 참다운 아름다움은 마음에 있습니다. 외모를 아름답게 바꾼다고 해서 마음까지 바뀌는 것은 아닙니다. 외모는 아름다워 보일 수 있겠지만 마음 속 깊은 곳에서는 여전히 쓴 물이 솟아나는 것입니다. 고치고 고쳐도 흡족하지 않자 자꾸 손을 대고 대다가 흉한 얼굴이 되고 마는 경우를 TV를 통해 보아왔을 것입니다. 중독성이 있습니다.

한편으로 외모는 아름다운데 말은 그렇지 못할 때 그를 바라보는 사람은 얼마나 황당하겠습니까? 마음이 중요합니다. 마음이 아름다워야 말도 아름답고, 참으로 아름다운 사람이 될 수 있는 것입니다.

우리가 행복을 나누어 주려면 먼저 내 마음이 행복해야 합니다. 그러려면 새 마음을 얻어야 합니다. 하나님의 은혜를 힘입어 마음을 새롭게 해야 합니다.

우물에 독이 들어 있는데 두레박을 새로 바꾸는 것은 아무런 도움이 되지 않습니다.

다윗이 범죄하고 나서 "하나님이여 내 속에 정한 마음을 창조 하시고 내 안에 정직한 영을 새롭게 하소서"(시 51:10)라고 기도했던 것처럼 우리도 새 마음을 갖기 위해 기도할 수 있어야 합니다.

그렇다면 마음은 어떤 것일까요. 예수님이 말씀하시는 마음은 우리의 속사람을 의미합니다. 성경에서는 속사람을 크게 지성과 정서와 의지로 나누어 이야기합니다.

마음은 우선 지성을 지칭합니다. 지성은 우리의 생각, 믿음, 이해, 기억, 판단, 양심, 분별 등을 가리킵니다(왕상 3:12; 마 13:15; 막 2:6; 눅 24:38; 롬 1:21; 딤전 1:5 참조).

위의 성경 구절에서 볼 수 있듯이 성경에서 말하는 마음은 생각하고, 의심하고, 추론하고, 분별하고, 기억하는 능력을 의미합니다. 서양에서는 이런 활동이 마음의 영역 바깥에 있는 지성을 통해서만 일어난다고 생각합니다.

인간의 마음은 다시 말해 속사람은 악과 거짓으로 가득합니다. 예수님은 마음에서 모든 죄악 된 생각과 말과 행동이 흘러 나온다고 하셨습니다. 그리스도인은 새사람의 옷을 입지만 여전히 남아 있는 옛사람과 싸워야 합니다.

그러므로 기도할 때 우리의 마음은 성령의 능력으로 새로워 질 수 있습니다. 새 마음을 갖게 되면 말도 새로워 질 것입니다. 마음의 행복을 찾는다면 확신을 가지고 말하건대 마음과 말이 변화되면 어느새 우리는 행복한 사람이 되어 있을 것입니다.

잠시 동심(童心)으로 돌아가 옛적 초등학교 5학년 교과서에 나오는 동요(童謠) 한편을 떠올려 봅니다. 어효선 님이 글을 쓰고, 한용희 님이 곡을 붙인 〈파란 마음 하얀 마음〉입니다.

우리들 마음에 빛이 있다면
여름엔 여름엔 파랄거여요.

산도 들도 나무도 파란 잎으로
파랗게 파랗게 덮인 속에서
파아란 하늘 보고 자라니까요.

우리들 마음에 빛이 있다면
겨울엔 겨울엔 하얄거여요.
산도 들도 지붕도 하얀 눈으로
하얗게 하얗게 덮인 속에서
깨끗한 마음으로 자라니까요.

참 예쁜 노랫말입니다.

마음에 빛이 있다면 여름엔 파랗고, 겨울엔 하얗답니다.

우리의 마음이 머무는 곳이 이렇게 아름다운 곳, 행복이 머무는 곳이고, 행복을 소유한 우리의 말은 그 행복을 사람들에게 퍼주는 아름다운 말이 되기를 소망하며 이 책을 통해 필자와 만나주신 독자들에게 진심으로 감사를 드립니다.

맑은 날이든, 흐린 날이든, 무더운 여름날이든, 비 내리는 날이든, 추운 겨울날이든, 눈 내리는 날이든, 어떤 날이든 간에 독자들의 신앙 여정이 주님과 함께 행복한 마음으로 가득하길 소원해 봅니다. God bless you!

필자의 시 한 편을 소개하려 합니다.

마음 통장

평생 나에게는
색다른 통장이 하나
비밀번호도 도장도 필요 없고,
잃어버릴 염려도 없는

아무리 써도 줄어들지 않는
찾아 써도 늘어나는
인출하기도 쉽고
은행에 가지 않는 그런 통장이 있다.

그 이름은 마음 통장
마음속에는 아름다운 추억의 마음과
더러는 아프고 슬픈 마음도
때로는 약이 되기도 한다.

가끔 이 마음에서
감사를 되새김질 하며
아름다움을 골라

마음 통장에 담는다.

나만의 마음 통장,
오늘도 마음을 열고
몇 개를 꺼내어
아름다운 마음에 감사함을 담아 열어본다.

- 시작 노트 -
오늘도 마음 통장을 열고 추억 몇 개를 꺼내본다. 지난날들의
사랑의 추억 또한 감사함을 담아 열어본다. 그리고 여기에 꺼
내 놓는다. 누구나 가져가도 원금도 이자도 없다. 이 은행은 행
복을 주는 마음 통장이기 때문이다.

서평

인간의 존재와 마음과 말의 진실

최 선 박사 (Ph. D. , Th. D.)
세계로부천교회 위임 목사
한국문인협회, 한국작가회의 시인작가, 수필가, 칼럼니스트

『그 마음 참』의 저자와의 만남은 오랜 세월이 흘렀다. 필자가 전문서적을 출판할 때에 다양하게 큰 도움을 받았다. 그것이 계기가 되어 현재는 20여권의 종이책과 34권의 전자책을 출판하였으며 독자들과 소통하는 즐거움에 행복하게 살아간다. 책을 만드는 기쁨은 남다르게 행복하게 한다.

『그 마음 참』의 저자는 인간의 행복을 위하여 독자들이 쉽게 접할 수 있는 주제를 가지고 많은 책을 집필하였다. 세상 권세

를 잡은 이들로 인하여 어둡고 파괴되어 가는 현대의 사람들에게 소중한 가치를 담아 문학을 사랑하고 책을 좋아하는 독자들에게 양서를 선보이게 되어 마음 깊이 축하한다.

저자가 언급한 것처럼 40여년의 출판 인생을 살아왔다. 고희의 삶을 더듬어 보면서 그는 임마누엘의 신앙을 추구하였다. 문암 염성철 박사는 신학과 상담학을 전공하였다. 그는 문학적으로 1985년 문학사상을 통해 시인작가로 등단하면서 지금까지 동시대적인 영향력이 대단하다. 이처럼 저자는 다양성의 문학을 사랑하는 열정과 문서선교로 복음을 전하는 에너지는 식을 줄 모르고 계속 타오르고 있다.

문암의 『그 마음 참』 원고를 읽고 다음과 같이 서평으로 논하고자 한다.

1. 인간의 삶과 마음에 대한 탐구

인간의 삶은 복잡하다. 보이는 것도 있지만 그렇지 않은 것이 더 많다. 노력을 통하여 행복을 이룰 수 없다. 하지만 저자는 하나님의 말씀과 이론적인 예화, 의학적, 심리적, 상담학적인 글을 인용하면서 독자들에게 인생이 행복의 길로 나아가도록 도움의 손길을 제공하고 있다.

문암의 『그 마음 참』 원고를 읽으면서 많은 깨달음을 갖게 되었다. 물론 자신의 마음과 언어를 통하여 상처를 주고받는 순간을 기억하면서 지금까지 삶을 회고해 보는 좋은 기회가 되었다. 독자들도 일독을 한다면 지혜를 얻게 될 것이다.

인간의 삶에 있어서 고민과 무거운 짐을 가지고 있는 이들에게 큰 도움이 될 것이다. 지금 자신의 마음에 깊이 있게 상념에 잠겨 보는 것은 현실에서 심각하게 혼돈의 삶을 살아가는 이들에게 도전을 불러일으킬 것이다. 나의 자리에서 응시하는 마음의 대화를 통하여 자신을 성숙하게 만드는 계시가 된다는 것을 발견하게 되었다.

생각하는 인간은 마음에 달려 있다. 그의 삶을 현실보다 더 발전하려면 무엇보다 마음과 말에 대한 연구와 그것을 통하여 나를 다스리는 힘을 길러야 할 것이다.

2. 인생의 현장에서 마음을 다스리는 현실적 적용

저자는 사람이 다양한 환경 가운데 살아가면서 맞이하는 문제의 핵심은 마음이라는 것을 발견하였다. 사람의 마음은 육신의 눈으로 볼 수도 없다. 그러나 존재한다. 이처럼 인간의 마음은 인생의 현장과 현실적인 적용의 과정에서 밀접하게 영향을 미친다. 이기적인 마음에서 이타적인 마음으로 변하면 자신의 마음의 병을 치유하는 경험을 가질 수 있음을 인식한다.

국내외의 다양한 인물들이 마음의 변화를 통한 예화를 제시하면서 독자들에게 확신을 준다. 저자가 상담학을 전공했기에 이론을 말할 때 '요하리 창문'을 인용하면서 네 가지의 마음에서 제시하였다. 그것은 '열린 마음의 창문', '감추어진 마음의 창문', '눈먼 마음의 창문', '어두운 마음의 창문'으로 말했다. 누구든지 네 가지의 마음 안에 있음을 깨닫고 인간관계에서 자신감을 찾아 마음을 공개하여 무거운 짐을 혼자 지지 말고 행복한 삶을 회복하는 기회로 삼아야 할 것이다.

3. 우주만물의 자연 서정과 인간의 근본적인 존재

하나님은 창조 질서를 소중히 여긴다. 우주만물은 우연히 생성된 것이 아니다. 처음부터 자존자로서 말씀으로 천지를 창조하였다. 하나님의 형상을 닮아 최고의 가치 존재를 가지고 있는 인간은 죄로 말미암아 영적인 관계가 끊어졌다. 누군가의 분노가 지구상의 대참사로 이어져가는 안타까운 사건들이 나타나고 있다.

또한 저자는 의학과 심리학을 동원하면서 인간의 근본적인 문제를 찾아보았다. 감정은 나 혼자만이 아니라 타인과 동료들에게 전염성이 강하기 때문에 마음의 정리를 통하여 절제하여야 할 것이다.

하나님이 창조한 모든 인간은 행복을 추구하기에 사람의 영혼은 행복을 향하여 노력을 한다. 그러나 행복은 노력하고 찾는다고 얻어지는 것이 아니다. 창조주 하나님을 만나야 진정한 행복을 누릴 수 있는 것이다.

그래서 저자는 구약의 잠언 17:22의 말씀을 인용하면서 마음의 즐거움, 즉 행복을 제시하고 있다. 의학적으로도 웃음의 보약을 증명하듯이 인간은 웃음과 감동의 삶을 위하여 구약과 신약의 중요성을 말하고 있다.

모든 독자들이 웃음 바이러스를 통하여 하나님이 창조한 인간의 즐거운 삶의 경지에 이르는 축복이 있기를 기대한다.

4. 인간의 마음과 의식의 변화

저자는 버려야 할 마음에 대하여 언급하였다. 미워하는 마음을 버려야 한다. 사람이 살다 보면 인간관계의 문제로 인하여 원지 않는 미워하는 마음으로 아픔을 겪게 된다. 그 상처들로 인하여 가정과 직장 그리고 인간의 관계가 금이 가고 회복 불능의 상태로 진행되는 것을 보게 된다.

『그 마음 참』의 저자는 '시기하는 마음'을 버려야 한다고 했다. 내가 없는 것을 타인이 갖고 있을 때 나타나는 심리적인 마음의 상태이다. 자신의 정신 건강에 무익한 것이다. 당연히 버려한다. 겸손한 마음을 가지고 살아야 한다.

그 외에 '질투하는 마음'과 '분노하는 마음'을 버려야한다. 이러한 것들은 자신을 피폐하게 만들고 좀처럼 밖의 세계를 긍정적인 의식으로 변화시키지 못한다. 각자의 마음과 의식의 변화는 짧은 시간 안에 결과물이 나타나지 않는다. 내 속에 있는 쓰레기 같은 '보복하는 마음'을 단연코 버려야 한다고 주장한다. 청결한 마음과 정직한 심령을 만들어 가면서 성숙한 시민으로 발전해 나아가기를 소망한다.

저자는 '지녀야할 마음'에서 너그러운 마음, 용서하는 마음, 잔잔한 마음, 겸손한 마음, 긍정적인 마음을 제시하고 있다. 인간 내면에 내재하고 있는 죄성이 우리를 힘들게 하지만 여전히 위의 마음을 지니도록 노력을 한다면 마음의 평강과 삶의 기쁨이 넘쳐나는 경험을 맛 볼 수 있을 것이다.

이처럼 인간의 마음과 의식의 변화는 쉽게 되지는 않는다. 우리가 근심, 걱정, 염려의 문제는 삶의 자리에서 벗어나기에 버거워한다. 그러나 이러한 굴레에서 해방이 되어야 진정한 기쁨과 평화의 세계로 나아갈 수 있는 것이다.

저자는 "불행할 때 감사하면 불행이 끝나고 형통할 때 감사하면 형통함이 연장 될 것이다"라는 글을 인용하면서 감사할 것을 권면한다. 인간이 노력한다고 성공하는 것은 아니다. 매사가 당연하게 여기던 것들은 궁극적으로 하나님의 은혜인 것이었다. 그러므로 범사에 감사한 마음을 가지고 삶의 자리에서 행복의 길로 나아가기를 기대한다.

5. 나의 행복을 위한 말의 중요성

하나님이 창조한 피조물 중에 오직 인간만이 언어를 만들어 사용하고 있다. 의사소통은 문자와 언어를 통한 것들이 다수이다. 물론 수어(手語)로 그 마음을 표현하는 경우들도 있다.

일상적인 생활에서 말을 하지 않고는 인생을 엮어가기에 불가능하다. 사람은 가정에서 직장에서 말로 인해 힘을 얻기도 하고 동시에 상처를 받기도 한다. 저자는 말의 세 가지 힘을 제시하면서 '각인력', '견인력', '성취력'을 말한다. 자신의 말의 습관이 성공의 길로 인도한다. 저자가 언급한 대로 인생의 운전대를 잡고 가는데 말은 무엇보다 중요하다. 긍정적인 언어의 생활로 자신과 이웃에게 행복의 선물을 줄지라도 부정적인 말로 인하여 삶을 파괴하고 한 사람의 인생을 허무는 실수를 하지 않기를 바란다.

서평을 쓰는 필자도 지금까지 살아오면서 말로 인한 상처를 주었고 받기도 하였다. 어떠한 것은 진행형으로 정리되지 않고 있는 것도 있다. 그것이 마음과 의식에 남아 고통을 주고 있는 것이다. 무엇보다 인간은 자신의 혀를 잘 컨트롤하여야 인간관계에서 성공할 수 있음을 인식하고 겸손하게 말하고 한 번 더 생각하고 말하는 습관이 필요하다.

크리스천들은 범사에 기도하고 말하는 것은 실수를 적게 하면서 타인을 세워주는 기둥과 같은 역할을 할 수 있는 것이다.

비난과 저주의 말 그리고 부정적인 말은 버리자. 오히려 저자가 언급한 것처럼 아름다운 말 중에 절제된 말, 진실한 말, 적절한 말, 감사의 말, 긍정의 말, 칭찬의 말, 격려의 말, 친절한 말, 침묵의 말 등의 언어를 사용하므로 가정과 사회가 아름답게 발전하고 국민들이 행복하도록 하는 지름길이 있음을 기억하고 사람을 살리는 말을 하도록 노력해 보자.

6. 『그 마음 참』이 책을 통하여 국민들이 행복하기를 기대한다.

저자는 에필로그에서 "새 마음과 새 언어"를 강조하였다. 주님 안에서 바르고 정직한 인격과 깊이 있는 영성을 가지고 있는 크리스천들과 모든 독자들이 본 책을 읽으므로 인하여 나부터 행복한 생활로 이어 갈 수 있을 것이다. 나아가 이웃에게 마음과 말의 중요성을 깨닫고 행복 바이러스가 전파되기를 기대한다. 자신이 평생 엮어가야 할 길은 멀고 힘든 과정을 거쳐야한다. 하지만 마음과 언어를 잘 선용하여 언제 어디서 무엇을하든지 생활에 적용하여 그 마음과 그 말 때문에 나와 함께 하는 이들이 행복하기를 소망한다.

7. '마음 통장'에 대한 소중한 시(詩)를 공감한다.

저자는 '마음 통장'에 대한 시를 통하여 자신이 어떠한 노력과 대가를 지불할 것도 없는 순수한 마음만 있으면 대인관계와 삶의 자리에서 평안과 기쁨을 누릴 수 있는 비밀을 제시하고 있다. 누구나 할 수 있는 '마음 통장'으로 나의 가까운 사람에게 따뜻하게 부드럽게 다가가자.

자신에게 보이지 않는 마음을 찾고 물을 주고 다듬어 가는 순간순간들이 모여 짧은 나의 인생을 좀 더 성숙하게 만들어 갈 것이다. 이심전심(以心傳心)으로 포근한 마음을 담아 힘들고 어려운 일을 만날 때마다 마음 통장에서 꺼내어 추억과 그리고 미래를 밝고 행복한 길로 안내해 보자.

마지막으로 출판과 문학계에서 40년이 넘도록 일관된 마음을 가지고 달려온 문암 염성철 작가의 앞날에 주님 안에서 대로가 있기를 바란다. 그리고 저자가 언급한 것처럼 "노인이 되지 말고 어른이 되자"라는 외면과 내면이 성숙한 작가, 상담가로서 사역의 보람을 느끼며 국민들과 해외의 교민들에게 사랑받는 베스트 작가로 영원히 남기를 기대하며 응원한다.

그 마음 참

초판 1쇄 발행 2023. 12. 15.

지은이 염성철

발행인 이미숙
펴낸 곳 도서출판 **해븐**
등록번호 제2005-13호
등록된 곳 경기도 고양특례시 일산서구 산현로 92번길 42
출판부 031-911-1137
ISBN 979-11-87455-52-3   03230
copyright ⓒ도서출판 **해븐** 2023〈printed in korea〉